Hildegard von Bingen

Weisheiten und Ratschläge für jeden Tag

Hildegard von Bingen

Weisheiten und Ratschläge für jeden Tag

von

Angelika Conrad-Seibert

und

Karin Hechtberger

Pattloch

Der Verlag dankt der Benediktinerinnen-Abtei
St. Hildegard
und Schwester Walburga Storch OSB
für die freundliche Gewährung der Abdruckgenehmigung
der Gebete
der heiligen Hildegard von Bingen aus dem Band
„An den Fenstern des Glaubens."

Die Deutsche Bibliothek – CIP-Einheitsaufnahme

Hildegardis <Bingensis>:
Weisheiten und Ratschläge für jeden Tag / Hildegard von Bingen.
Angelika Conrad-Seibert; Karin Hechtberger (Hg.). – Augsburg:
Pattloch, 1997
ISBN 3-629-00886-0

Pattloch Verlag, Augsburg

Umschlaggestaltung: Atelier Höpfner-Thoma, München
unter Verwendung der Bildtafel 6
(Der Lebenskreis, Ausschnitt)
des Codex Latinus 1942 der Biblioteca Statale di Lucca,
© Bischöfliches Dom- und Diözesanmuseum, Mainz.
Satz: Uhl + Massopust, Aalen
Druck und Bindung: Ebner Ulm
Printed in Germany
ISBN 3-629-00886-0

Vorwort

Liebe Leserin, lieber Leser

Dachte ich noch Anfang der 80er Jahre, es gäbe in Europa keine Medizin, die ganzheitlich ausgerichtet sei, die den Menschen in seiner Ganzheit mit Körper, Seele und Geist betrachtete, so mußte ich später meine Meinung korrigieren.

Obwohl meine Ausbildung in Psychophysiotherapie umfassend war und mein Blick immer wieder auf die seelischen und geistigen Ursachen von Krankheiten gelenkt und die Möglichkeit der alternativen Medizin durchdacht wurde, so gab es für mich im westlichen Bereich doch keine einzige Hilfestellung. Denn nur in der östlichen Medizin – so schien es mir – war es erlaubt, den Menschen in seinen vier Ebenen (körperlich, seelisch, spirituell, kosmisch) zu heilen.

Dann erlebte ich 1985 wie in der eigenen Familie bei einer schweren Tumorerkrankung eine völlige Schmerzfreiheit und Verbesserung des Gesamtzustandes durch die Edelsteinanwendung und Einnahme von verschiedenen Pulvern nach der Hildegard-Medizin erfolgte.

Von diesem Zeitpunkt an war für mich der Grundstein für die Auseinandersetzung mit dem Werk Hildegard von Bingens gelegt, und ich lernte Hildegard Visionen in die Tat umzusetzen.

Mein erster großer Lehrer war der praktizierende Hildegard-Arzt Dr. Gottfried Hertzka. Von ihm eignete ich mir das Wissen an, mit der Medizin der heiligen Hildegard, ihrer Naturheilkunde und der Edelsteinkunde richtig umzugehen.

Hildegardisch denken lernte ich später von Dr. Alfons Berkmüller. Durch die Begegnung mit ihm ist es mir möglich geworden, das Heilwerden im ganzenheitlichen Prozeß zu begreifen und diese Erfahrung vielen Menschen zugänglich zu machen.

Dieser Begleiter durch das Jahr bietet seinen Leserinnen und Lesern die Möglichkeit, Hildegard und ihre lebenspraktische Weisheit und ihr Werk kennenzulernen. Diese Sammlung stellt Hildegard von Bingens Medizin, Ernährungstips und Rezepte, die Edelsteinkunde und ihre Gebete und Meditationen vor.

Die Grundlage für die Texte des vorliegenden Bandes sind diversen Schriften der heiligen Hildegard entnommen, unter anderem ihren Werken „Heilwissen“, „Physica“, „Scivias“ und der Gebetsammlung „Fenster zum Glauben“.

Möge der Kalender Sie durch das Jahr begleiten und Ihnen Hildegards Weisheit und Erfahrungsschatz zur richtigen Zeit erfreuen und helfen.

Angelika Conrad-Seibert

Januar

Der erste Monat

„Dieser Monat zeigt sich sehr kalt und feucht, jedoch beginnt sich die Sonne wieder zu heben. Dieser Jahreszeit fehlt sowohl der Wohlgeruch des Frühjahrs wie auch der Gabenreichtum des Herbstes. Doch gibt es auch im Januar trotz berstender Kälte wunderschöne Sonnentage in weißem Schnee zu erleben.

Auch der Mensch, der in dieser Jahreszeit geboren wurde, bekommt von der Natur viel Kälte, aber auch eine reine Freude mit. Er muß jedoch darauf achten, seine Jugendzeit möglichst unbeschadet zu erleben, damit er nicht durch ein unsittsames Leben in große Traurigkeit stürzt. Hier angekommen, kann seine Seele nur durch Reue, durch eigene Einsicht wieder zum guten Ruf kommen und wird so gereinigt fortan alles Unehrenhafte meiden.

Hört dieser Mensch jedoch nicht auf seine innere Stimme und bekommt Freude an seinem Treiben, so gelangt er zu einer inneren Verhärtung, die ihn zum Diktatoren seiner Umwelt werden lassen kann.“

1. Januar

Neujahr, Hochfest der Gottesmutter Maria,
Weltfriedenstag

Namenstag: Fulgentius

Gedanken zum Tag:
„Die Viridissima Virgo, die Jungfrau Maria, sie ist das Morgenrot, aus der das Licht hervorging."

„Schreibe nieder, was Du siehst und hörst..."

Hildegard von Bingen wurde erst 1141, im Alter von 43 Jahren, zu „Gottes Werkzeug" in ihrer mystischen Schau. Da Hildegard nicht fassen konnte, daß ausgerechnet sie der Welt diese göttlichen Geheimnisse verkünden sollte, schrieb sie an den damals wohl bedeutendsten Mann ihrer Zeit, der auch die Gabe der Schau hatte, Bernhard von Clairvaux.

„... O ehrwürdiger Vater Bernhard, wunderbar stehst du da in hohen Ehren aus Gottes Kraft. Ich bitte dich, Vater, beim lebendigen Gott, höre mich, da ich dich frage. Ich bin sehr bekümmert ob dieser Schau, die sich mir im Geiste als ein Mysterium auftat. Ich Erbärmliche und mehr als erbärmlich in meinem Sein als Frau, schaute schon von meiner Kindheit an große Wunderdinge, die meine Zunge nicht aussprechen könnte, wenn nicht Gottes Geist mich lehrte zu glauben..."

2. Januar

Namenstage: Basilius, Gregor, Adelhard

Gedanken zum Tag: „... denn er, der seine ganze Schöpfung kraftvoll und gütig regiert, durchströmt mit dem Licht himmlischer Erleuchtung, die ihn fürchten und ihm in freudiger Liebe im Geist der Demut dienen ..."

Das Würzen

„... Wenn der Mensch ißt und trinkt, dann lenkt ein im Menschen angelegtes Leitungssystem den Geschmacksstoff und den Feinstoff und den Duftstoff davon dem Gehirn zu und fördert seine Durchwärmung, indem er dessen Gefäßwärme auffüllt ..."

Diese Aussage Hildegards zeigt deutlich, daß das richtige und harmonisch gewürzte Essen nicht nur gut schmeckt, sondern auf den Körper wie ein helfendes Medikament wirkt.

3. Januar

Namenstage: Irmina, Adula, Genovefa

Gedanken zum Tag: „Wie die Frau vom Mann,
so der Mann durch die Frau; alles aber aus Gott."

Die Edelsteine

„Gott aber hatte den ersten Engel wie mit wertvollsten Steinen geziert, in deren Anblick Luzifer die Gottheit sich spiegeln sah und daraus seine Weisheit schöpfte; und in ihnen erkannte er, daß Gott viele Wunder wirken wollte; daraufhin erhob sich sein Sinn (Denken, Verstand) – weil der Edelsteinschmuck, der ihn zierte, im Lichte Gottes funkelte – in der Meinung, er selbst könne ähnliches und mehr als Gott vollbringen, und daher wurde sein Glanz ausgelöscht. Aber, so wie Gott Adam zu einer besseren Beziehung wieder zurückgewann, so hat auch Gott nicht zugelassen, daß weder die Schönheit noch die Kraft dieser wertvollen Edelstein zugrunde gehen, sondern er wollte, daß sie auf der Erde sein sollten zur Zierde, für Segnungen und für die Heilkunde."

Die Heilkraft der Edelsteine ist sehr groß und gerade der Kranke ohne Hoffnung auf Besserung seiner Beschwerden sollte die Edelsteine zu seiner Gesundung miteinbeziehen.

4. Januar

Namenstage: Roger, Rigobert, Angela

Gedanken zum Tag: „Als Gott sprach: ‚Es werde Licht', entstand das geistige Licht. Das sind die Engel."

Die Edelsteine – Der Rubin

„Wenn bei einem Menschen eine Krankheit, irgendein Fieber oder die Gicht oder eine andere Veränderung im Säftehaushalt auftritt, lege einen Karfunkel um Mitternacht – weil sich da dessen Kraft besonders gut entfaltet – über den Nabel des Kranken. Lasse ihn aber nur so lange über dem Nabel des Kranken liegen, bis der Mensch spürt, daß er von dem Stein etwas erwärmt wird und entferne ihn dann sofort. So vertreibt dieser Stein alle möglichen Krankheiten vom Menschen und besiegt sie."

Den Rubin setzt man bei plötzlichen Krankheiten wie Virusgrippen, Masern und anderen Infektions- und Massenerkankungen ein, da er eine große Heilwirkung hat. Besonders bei stark fiebernden Kindern hat sich seine von Hildegard beschriebene Anwendung sehr bewährt. Achten Sie darauf, daß die Dauer der Anwendung keinesfalls 20 Minuten überschreitet! Wegen seiner großen Heilkraft muß man ihn auch mit Vorsicht und Sorgfalt benutzen, d. h. außerhalb einer Heilbehandlung sollte man ihn niemals als Schmuckstück auf die bloße Haut bringen!

5. Januar

Namenstage: Ämiliani

Gedanken zum Tag: „Und so ist der Mensch mitsamt aller Schöpfung Gottes Werk."

Feuer, Wasser, Luft und Erde

„... Im Menschen sind Feuer, Luft, Wasser und Erde und aus ihnen besteht er ... es wirken alle Elemente mit ihm und er mit ihnen ..."

Hildegard sieht die Heilung, das Heilwerden des Menschen, im Zusammenhang mit der Schöpfung. Der Mensch steht hier in der Mitte des Kosmos in enger Wechselwirkung mit den vier Weltelementen: Feuer, Wasser, Luft und Erde, aus denen die Welt, aber auch das Gefüge des menschlichen Körpers besteht. Wenn der Mensch die kosmischen Gesetze mißachtet und die Schöpfung auf brutale Weise zerstört, hat dies nach Hildegard auch beachtliche, ja sogar katastrophale Folgen für seine Gesundheit.

6. Januar

Hochfest der Erscheinung des Herrn

Namenstage: Kaspar, Melchior, Balthasar, Pia, Erminold

Gedanken zum Tag: „Um meines Heiles willen bist du Mensch geworden."

Die Heilung

„... Und so sind denn in allen Geschöpfen Gottes Wunderwerke eingeborgen, in den Tieren und Fischen und Vögeln, in den Kräutern und Blumen und Bäumen ..."

Zur Heilung führt bei Hildegard ein Leben in Harmonie und Übereinstimmung mit sich und seiner Umwelt. Sie zeigt diesen Weg anhand ihrer 6 Lebensregeln:

1. Die Lebensenergie schöpfen aus den vier Weltelementen.
2. Das richtige Essen und Trinken
3. Den Rhythmus von Bewegung und Ruhe, also von Arbeit und Freizeit, finden.
4. Das Schlafen und Wachen als ausgewogene Kräfte begreifen.
5. Die Kunst der Ausscheidung und Absonderung krankmachender Säfte
6. Die Heilkraft erhalten in der Ausübung christlicher Tugenden.

7. Januar

Namenstage: Raimund, Reinhold

Gedanken zum Tag: „... warum das so geschehen ist, sollst du, Mensch, nicht ergründen. Kein Sterblicher kann auch wissen, was vor Erschaffung der Welt geschehen ist, oder was nach dem Jüngsten Tag sein wird; Gott allein weiß es."

Kräftespiel – Die Verstockheit – Das Seelenheil

Die Verstocktheit: „Welche Verdienste und welchen Nutzen habe ich? Nur das Feuer! Denn ich und die Art, aus der ich geboren bin, wir wollen nichts anderes. Allem Strahlenden fliehe ich und lehne es ab, lichten Werken zu folgen ... Ich bin zur Plünderung der Seelen da und will nichts wissen vom Schmucke der leuchtenden Dinge ..."

Das Seelenheil: „Du bist der Pfeil des Satans, der unheilvoll im Dunkeln schwirrt ... Die Seligen aber erheben sich mit dem Heer der Engel unterm Banner des Glaubens und stürmen gar mächtig gegen dich an ... In der Taufe und mit den sieben Gaben des Heiligen Geistes, die uns der Heiland in seiner Menschwerdung schenkte, ertränken sie dich wie in der Sintflut des Wassers ..."

8. Januar

Namenstage: Severin, Erhard, Gudula, Gudrun

Gedanken zum Tag: „Gottes Sohn wurde Mensch, damit der Mensch Heimat finde in Gott."

Das Sivesan-Pulver

„... Und dieses Pulver erhält ihm, der gesund ist, die Gesundheit, und den Kranken stärkt es und verschafft dem Menschen Verdauung. Es verleiht ihm Kräfte und vermittelt eine schöne und gute Gesichtsfarbe. Es nützt jedem Menschen, sei er gesund oder krank, wenn er es nach dem Essen nimmt."

Das Sivesan-Pulver – ein Universalmittel für alle, die gesund werden und bleiben wollen! Es hilft vor allem bei Kreislaufschwäche, Wetterfühligkeit und hat sich hervorragend bei Menschen mit allgemeiner Kraftlosigkeit bewährt. Auch Kindern gibt man es gerne gegen Appetitlosigkeit und bei Abmagerung.
Anwendung: 1 Msp. auf ½ Glas warmen Wein geben und nach dem Mittagessen zu sich nehmen. Bei Kindern ½ Msp. auf 1 Eßl. warmen Wein. Das Sivesan-Pulver erhalten Sie in Ihrer Hildegard-Apotheke.

9. Januar

Namenstage: Julian und Basilissa, Eberhard, Alice

Gedanken zum Tag: „Denn wer mich in Reue über seine Sünden anruft, dessen Buße nehme ich meinem Sohn zuliebe an."

Der Buchsbaum

„Und ein Mensch, der Ausschläge... an seinem Körper hat, zerstoße die Rinde und seine Blätter und drücke ihren Saft aus, und füge dem etwas weniger Süßholz bei, und er wärme es in einem Wein. Und so warm soll er es oft trinken, und es vertreibt den Schmerz und das Gift des Ausschlags aus dem Körper, so daß es nicht in den Leib eindringt.
Und er mische sogleich dem vorgenannten Saft dieses Baumes etwas Baumöl bei, tauche eine Feder ein, und er salbe sich damit sanft um den Ausschlag und um seine Kruste. Und dies tue er oft, und er wird geheilt werden."

Die Blätter und die Rinde des Buchsbaumes sind ein wichtiges Mittel zur unterstützenden Behandlung bei allen Hautausschlägen wie Allergien, Neurodermitis etc..
Anwendung: 1 ml Buchsbaumsaft mit ½ Teel. Süßholzpulver in ¼ l Wein erwärmen und mehrmals täglich davon trinken und 1 ml Buchsbaumsaft mit 10 ml Olivenöl vermischen und mit einer Feder die betroffenen Stellen oft leicht damit einstreichen.

10. Januar

Namenstage: Paulus, Wilhelm

Gedanken zum Tag: „Von dir gebildet, berührt von dir, hätte ich Himmlisches wirken müssen."

Gebet

„Vater, ich habe gesündigt
gegen den Himmel und gegen mich,
das himmlische Werk, das ich bin …
Doch weil ich zerstörte die Menschennatur,
sündigte ich auch vor dir."

11. Januar

Namenstage: Paulinus, Theodosius

Gedanken zum Tag: „Daher nehme der Mensch keinen Berg in Angriff, den er nicht in Bewegung setzen kann."

Der Galgant

„… und wer Herzweh hat und wer im Herz schwach ist, der esse bald genügend Galgant, und es wird ihm besser gehen …"

Dieses vielseitige Gewürz ist eines der wichtigsten Heilmittel bei Hildegard. Man setzt es ein bei Schwindel, Schwäche, bei Angina-pectoris-Anfällen, als Mittel gegen Viruserkrankungen, bei Magen- und Darmkrämpfen, Durchblutungsstörungen und Erschöpfungszuständen.

12. Januar

Namenstage: Tatiana, Aelred

Gedanken zum Tag: „Alle Grünkraft sammle ich sanft in meinem Innern, wenn ich die Werke Gottes lobe."

Der Galgant

„Der Galgant ist warm und hat keine Kälte in sich und ist heilkräftig…"

Rezept:
Galgantsauce
(zu Gemüse, Fenchel, Hühnchen oder Dinkelrisotto)
Eine helle Grundsauce aus 1 Eßl. Butter, 2 Eßl. Dinkelmehl, ½ l Wasser, Hühner- oder Gemüsebrühe, 1 kleinem Lorbeerblatt, ½ Zwiebel, 1 kleine Knoblauchzehe, Salz und Muskat herstellen, 1 Teel. Galgant daruntermischen, mit Sahne, Crème fraîche und eventuell einem Eigelb, das man in der nicht mehr kochende Sauce verquirlt, verfeinern.

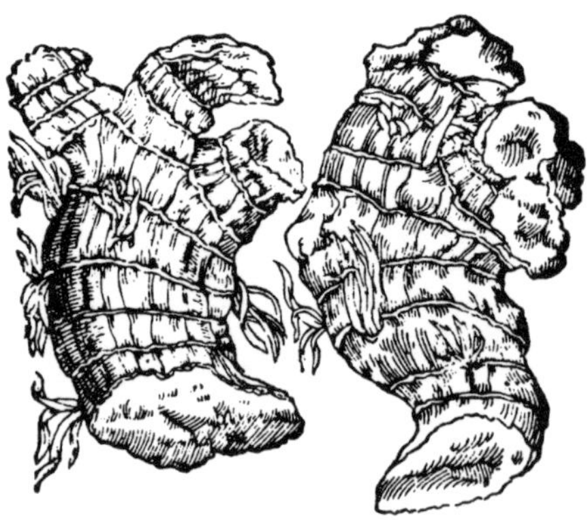

13. Januar

Namenstage: Hilarius, Gottfried, Hilmar, Ivette

Gedanken zum Tag: „Denn solange ein Mensch Geschmack hat an fleischlichen Dingen, wird er, was des Geistes ist, nie voll erfassen können."

Edelsteine – Der Rubin als Karfunkel

„Wenn jemand Kopfschmerzen hat, lege er einen Karfunkel für so lange auf seinen Scheitel, bis die Stelle dort von dem Stein erwärmt hat, und entferne ihn dann sofort, weil die Kraft dieses Steines seinen Kopf schneller und stärker durchdringt als die kostbarste Salbe dies tun könnte, und so wird er Erleichterung finden."

Der Rubin hilft prompt bei Kopfschmerzen, nicht bei Migräne. Nicht länger als 20 Minuten aufliegen lassen, weil die Wirkung sonst ins Gegenteil umschwenkt.

14. Januar

Namenstage: Engelmar, Rainer, Felix

Gedanken zum Tag: „Die Seele gleicht dem Feuer und ist mächtiger als der Körper."

Der Dinkel

„Der Dinkel ist das beste Getreide, und er ist warm und fett und kräftig, und er ist milder als andere Getreidearten, und er bereitet dem, der ihn ißt, rechtes Fleisch und rechtes Blut, und er macht frohen Sinn und Freude im Gemüt des Menschen. Und wie auch immer (die Menschen) ihn essen, sei es in Brot, sei es in anderen Speisen, er ist gut und mild. Und wenn einer so krank ist, daß er vor Krankheit nicht essen kann, dann nimm die ganzen Körner des Dinkels und koche sie in Wasser, unter Beigabe von Fett oder Eidotter, so daß man ihn wegen des besseren Geschmacks gern essen kann, und gib das dem Kranken zu essen, und es heilt ihn innerlich wie eine gute und gesunde Salbe."

Der Dinkel ist das Urgetreide und bei Hildegard das Heilmittel überhaupt. Der Dinkel sollte die Basis jeder Ernährung sein. Ihn gibt es als Nudeln, Flocken (statt Haferflocken) Kernotto (Dinkelreis), Dinkelkaffee oder als Ganzkorn, Mehl oder Schrot und als Dinkelbier.

15. Januar

Namenstage: Maurus und Plazidus, Arnold Janssen,

Gedanken zum Tag:
„Ich sollte nämlich Gefährte der Engel sein,
weil ich der lebendige Lebenshauch bin, den Gott
in den trockenen Lehm entsandte."

Die Heilkraft des Dinkels

„… er kräftigt … er bereitet rechtes Fleisch und rechtes Blut und er macht einen frohen Sinn …"

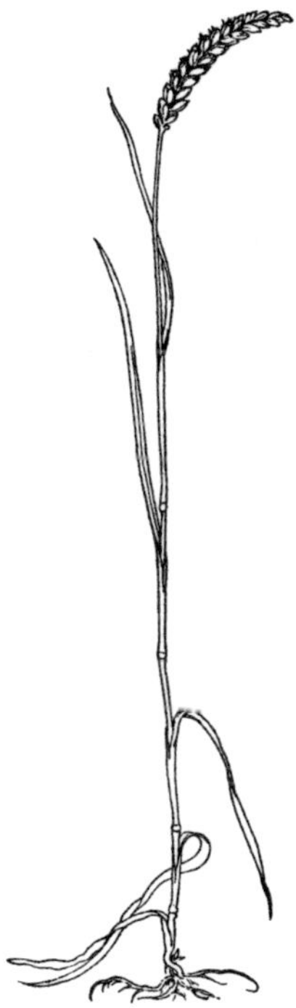

Der Dinkel hilft bei Müdigkeit, Leistungsabfall, bei Herz- und Kreislaufschwäche, bei Angina pectoris, Allergien, gestörtem Kalkstoffwechsel, bei Infektionsanfälligkeit, Leber- und Nierenerkrankungen, um nur einiges zu nennen. Er wirkt „wärmend", also durchblutungsfördernd, ist „fettend", trägt also zur Verbesserung des Nervenstoffwechsels bei , ist „hochwertig" durch den Gehalt an essentiellen Aminosäuren, „bringt eine gute Verdauung" und ein besseres Muskelfleisch, „bildet gutes Blut" und ist ein hervorragendes stimmungsaufhellendes, natürliches Psychopharmakon.

16. Januar

Namenstage: Marzellus, Honorat, Thilo, Berad

Gedanken zum Tag: „Die Liebe vernichtet alles Böse und macht frei von aller Angst."

Der Dinkel – Allgemeine Ratschläge

- Dinkelkost allgemein bringt eine Senkung der Cholesterinwerte im Blut.
- Diabetiker können deutlich Insulin einsparen (immer in Absprache mit dem Arzt) beim Genuß von Dinkelkörnern.
- Dinkelkleie hat sich bestens bewährt bei hohen Cholesterinwerten und für Diabetiker.
- Dinkelkörner führen eher ab, während Dinkelmehl eher stopft.
- Dinkelschleimsuppe für Durchfallkranke und Frischoperierte (nie Haferschleimsuppe verabreichen – siehe Hafer, 26. Februar).
- Dinkelkörner helfen Gallensteine verhindern.
- Dinkel erzeugt rasch ein Sättigungsgefühl, das lange anhält.
- Dinkelkaffee bringt eine gute Verdauung und führt leicht ab.
- Dinkelbier ist ein stärkendes Getränk, das im Geschmack dem Weißbier gleichgesetzt werden kann.
- Der Dinkelspelz bietet zur besseren Durchblutung eine hervorragende Füllung für Kissen, Decken, Matrazen usw. Er hilft zum Beispiel bei Verspannungen, Schmerzen und Schlafproblemen.

17. Januar

Namenstage: Antonius, Beatrix

Gedanken zum Tag: „In wissender Liebe wird der Mensch mit Seele und Leib zur Fülle des Heiles geleitet, obwohl er so häufig vom rechten Stand der Beständigkeit abweicht."

Die Rohkost

„Wenn ein Mensch rohe Äpfel, rohe Birnen, rohes Gemüse oder andere Rohkost zu sich nimmt, die weder durch Erhitzen, noch durch eine andere Zubereitungsart ausgeglichen wurden, können sie auch im Magen-Darm nicht leicht zu Ende aufgeschlossen werden, weil sie vorher nicht ausgeglichen wurden. Die schlechten Säfte dieser Speisen, die durch Erhitzen oder eine Beigabe von Salz oder Essig hätte abgefangen oder neutralisiert werden sollen und somit nicht abgefangen und entfernt wurden, wenden sich der Milz zu und ändern sie, so daß sie anschwillt und schmerzt..."

Hildegard warnt vor Rohkost, da diese eine schlechte Durchblutung auslösen kann und zu Milzerkrankungen führen kann. Man sollte also alle Speisen vor dem Gebrauch kochen oder garen und Salate mit einer Soße von Essig, Salz, Öl und Gewürzen beizen, was den rohen Zustand des Salates verändert.

18. Januar

Namenstage: Priska, Wolfred

Gedanken zum Tag: „Die Einsicht im Menschen ist wie ein Spiegel, in dem sich das Verlangen nach Gut oder Böse verbirgt."

Das Betonikakraut

„... Und wer von falschen Träumen geplagt zu werden pflegt, der habe Betonienkraut bei sich, wenn er abends schlafen geht."

Das Betonikakraut in einen Kissenbezug aus Leinen gegeben und mit ins Bett genommen hat sich bestens bei schweren Träumen (Alpträumen) bewährt.

19. Januar

Namenstage: Agritius, Marius

Gedanken zum Tag: „Die Seele ist ein Hauch, der zum Guten strebt, das Fleisch aber neigt zur Sünde ..."

Die Seele

„Die Kräfte der Seele: Die Seele des Menschen, die vom Himmel herab von Gott kommt, ihn belebt und vernünftig macht, stirbt nicht, wenn sie den Menschen verläßt, sondern geht den Belohnungen für das Leben oder den Qualen ewiger Verdammnis entgegen, um ewig weiterzuleben."

20. Januar

Namenstage: Fabian, Sebastian

Gedanken zum Tag: „Gottes Menschwerdung ist die große Mitteilung seiner unendlichen Liebe, in ihr schaut der Mensch Gott ins Angesicht."

Kräftespiel: Die Hartherzigkeit – Die reuige Umkehr

Die Hartherzigkeit: „Was macht es mir aus, daß ich nicht seufzen und weinen kann, denn viele gehen in ihrem Kummer zugrunde... Denn alle Gnade, die Gott verleihen will, gewährt er auch. Warum dann sollte ich mich dafür so hart anstrengen?"

Die reuige Umkehr: „... warum wird Gott Vater genannt? Wohl deshalb, damit seine Kinder ihn anrufen. Denn er schenkt ihnen in seiner Huld alles Gute und deshalb erkennen sie ihn als ihren Gott. Und ich trinke vom Honigtau seines Segens, aus der Zerknirschung meines Herzens lächle ich ihm zu und rufe ihn noch froh unter Tränen zu Hilfe..."

21. Januar

Namenstage: Meinrad, Agnes

Gedanken zum Tag: „Der Mensch hat seine Existenz gewissermaßen am Kreuzweg der weltlichen Sorgen.“

Die Küchengifte

Der Lauch

„Und roh gegessen ist er so schlecht und verderblich für den Menschen wie ein giftiges unnützes Kraut, weil er das Blut und die Fäulnis und die Säfte des Menschen ins Gegenteil verkehrt ... “

Die Zwetschge

„... es ist schädlich und gefährlich, die Frucht dieses Baumes zu essen ... so gefährlich wie das Essen von einem Giftkraut ...“

22. Januar

Namenstage: Vinzenz Pallotti, Dietlinde

Gedanken zum Tag: „Denn in dir blühte die Wunderblume empor ...“

Gebet – Sequenz zu Ehren Mariens

„Daß du dich im Windhauch des Sehens und Suchens der Heiligen erhobst. Da die Zeit kam, da du in deinen Zweigen blühen solltest, klinge dir Gruß und Gruß entgegen, weil Sonnenglut wie Balsamgeruch in dir kochte.“

23. Januar

Namenstage: Suso, Emerentiana, Ildefons, Hartmut

Gedanken zum Tag: „Du weißt ja, daß Gott dem Stolzen widersteht, dem Demütigen hingegen Gnade gibt."

Küchengifte

Die Erdbeere

„... auch die Früchte, nämlich die Erdbeeren, verursachen gleichsam einen Schleim im Menschen, der sie ißt, und sie taugen weder dem gesunden noch dem kranken Menschen zum Essen ..."

Erdbeeren verschleimen den Nebenhöhlenbereich, sie führen zu Allergien, Ekzemen und verstärkt zu Mittelohrentzündungen.

Der Pfirsich

„... Die Frucht dieses Baumes zu essen taugt weder für einen Gesunden noch für einen Kranken, weil sie die gute Säftemischung im Menschen zerstört und Schleim in seinem Magen erzeugt ..."

Pfirsiche fördern die Verschleimung besonders im Magen- und Darmbereich, können also Stoffwechselstörungen verschlimmern.

24. Januar

Namenstage: Franz von Sales, Vera, Arno

Gedanken zum Tag: „Gott ist es, den der Mensch in jedem Geschöpf erkennt."

Die Süßholzwurzel

„... ist von gemäßigter Wärme und bereitet dem Menschen eine klare Stimme ... macht seinen Sinn mild und erhellt seine Augen und erweicht seinen Magen zur Verdauung ..."

Die Süßholzwurzel wirkt auf das Gemüt, klärt die Augen und verhilft zu einer guten Verdauung (auch als Tee oder Lakritze).

25. Januar

Bekehrung des Apostels Paulus

Namenstag: Wolfram

Gedanken zum Tag: „Du hast sehr viel Einsicht in dir, es wird aber auch viel Verständnis von dir verlangt werden."

Das richtige Frühstück

„Für einen körperlich gesunden Menschen ist es für eine gute Verdauung gut und gesund, daß er bis ungefähr kurz vor Mittag oder gegen Mittag auf ein Frühstück verzichtet ..."

26. Januar

Namenstage: Timotheus, Titus

Gedanken zum Tag: „So ist auch die Seele im Menschen wie der Saft in einem Baume."

Der Aderlaß

„... wenn bei einem Menschen die Gefäße mit Blut überfüllt sind, müssen sie durch einen Aderlaß von dem schädlichen Schleim und den durch die Verdauung gelieferten Fäulnisstoffen gereinigt werden..."

Der Aderlaß ist eines der wichtigsten Reinigungsverfahren der Hildegard-Heilkunde mit sehr großer Heilwirkung. Es ist verständlich, daß jedes Heilmittel, jede geplante Kur und jede Regeneration besonders schnell wirksam werden kann, wenn vorab alle Giftstoffe, auch die Schwarzgalle, kunstgerecht beseitigt wurden. Der rechte Zeitpunkt und die richtige Ader sind Voraussetzung eines richtig angesetzten Aderlasses, ebenso die Ernährung und das Verhalten des zur Ader gelassenen Menschen.

27. Januar

Namenstage: Angela Merici, Julian, Alrun

Gedanken zum Tag: „Wer also Gott fürchtet und liebt, der hütet seinen Sinn vor jeder Schlechtigkeit, wie auch der Mensch seine Nase von jedem Ding, das da stinkt und unrein ist, mit Abscheu abwendet.“

Die Schwarzgalle

„Die Schwarzgalle ist jedem Menschen eigentümlich, und zwar seit der ersten Versuchung durch den Teufel, weil der Mensch mit dem Essen des Apfels Gottes Gebot übertreten hat. Von jenem Essen an hat sich die Schwarzgalle in Adam und seinem ganzen Geschlecht entwickelt und ist die Ursache jeder schweren Krankheit.“

Die Schwarzgalle ist bei Hildegard von Bingen ein Stoff, der, wenn er stark vermehrt im Körper auftritt, zu Zornesausbrüchen oder stillem Kummer führen kann und die großen chronischen Krankheiten verursacht. Sie wird nach Hildegard durch falsche Lebensweisen, wie z.B. unmäßiges Essen, Diätfehler und Fehlernährung um ein vielfaches vermehrt und führt so zu einer schleichenden Vergiftung des Körpers. Die Schwarzgalle sollte immer wieder ausgeleitet und ihre Entstehung vermieden werden (siehe 6. Januar), damit der Organismus sich wieder selbst regenerieren kann.

28. Januar

Namenstage: Thomas von Aquin, Manfred

Gedanken zum Tag:
„Die Seele ist die grünende Kraft im Leibe."

Der Aderlaß

„Eine richtig bemessene Blutentziehung beseitigt die schlechten Säfte und sorgt für den Körper wie sanfter Regen, der leise und angemessen in richtiger Menge auf die Erde fällt, sie bewässert und befähigt, Frucht zu bringen…"

Der regelmäßige Aderlaß ist auch für den Gesunden eine wertvolle Unterstützung, da er eine Immunstimulation, eine starke Anregung der körpereigenen Selbstheilungskräfte bewirkt. Er verbessert den Allgemeinzustand des Menschen, bewirkt eine Umstimmung bei chronischen Erkrankungen, wirkt entzündungswidrig, blutreinigend, stoffwechselanregend und verbessert die Fließfähigkeit des Blutes, was zur Verminderung der Gefahr eines Herzinfarkts und Schlaganfalls deutlich beiträgt. Der Aderlaß ist vor allem bei Rheumatikern, Gichterkrankten, unter Arthrose leidenden Menschen und Allergikern ein absolutes „Muß".

29. Januar

Namenstage: Valerius, Aquilin

Gedanken zum Tag: „In der Reue erkenn' ich mich zwar, lasse sie aber nicht wirksam werden, und es bleibt mir die Angst."

Gebet – Erlösende Reue

„Warum bin ich geboren
zu solchen großen Vergehen?
Mit meiner Seele sündigte ich
gegen dich, meinen Gott.

Zu dir seufze ich auf,
der sich gewürdigt hat,
anzunehmen Adams Gestalt
aus der Jungfrau.

So vertraue ich fest darauf,
daß du mich nicht verachtest,
sondern von meinen Sünden befreist.

Durch deiner heiligen Menschheit Antlitz
nimm mich in Gnaden nun auf,
denn ich bereue von Herzen."

30. Januar

Namenstage: Adelgunde, Martina, Mary Ward

Gedanken zum Tag: „Gott ist gerecht, doch das Menschengeschlecht ist in der Verachtung der göttlichen Gebote ungerecht, während es danach strebt, weiser als Gott zu sein."

Das Mutterkraut

„... Und wer in den Eingeweiden Schmerzen hat, der koche Mutterkraut mit Wasser und Fett oder Öl, und er gebe feinstes Mehl dazu und so bereite er die Suppe und esse sie, und er heilt die Eingeweide. Und wenn die Frauen den Monatsfluß haben, sollen sie diese Suppe, wie vorhin gesagt, bereiten und essen, und dies bereitet eine angenehme und leichte Reinigung des Schleims und des inneren Unrats und leitet den Monatsfluß hinaus."

Rezept: **Mutterkraut-Suppe**
4–5 Mutterkrautblätter (oder etwas unverdünnten Mutterkraut-Frischpflanzensaft nehmen) klein schneiden, in ¼ l Wasser und ein wenig (Sonnenblumen-)Öl kurz aufkochen. Dann verrührt man 2–3 Eßl. Dinkelfeinmehl in etwas kaltem Wasser und bereitet damit auf kleiner Flamme eine Suppe. Gewürzt wird mit etwas Salz, Muskat und Bertram. Die Mutterkraut-Suppe ist eine wirksame Hilfe bei vielen Frauenkrankheiten, besonders bei Periodenschmerz.

31. Januar

Namenstage: Johannes Bosco, Hemma, Marzella

Gedanken zum Tag: „Jeder Mensch, der Gott fürchtet und liebt, öffne daher voll Hingabe diesen Worten sein Herz und wisse, daß sie zum Heil des Leibes und der Seele nicht aus Menschenmund verkündet sind, sondern durch mich, der ich bin."

Die Viriditas – Die Grünkraft

„... Ich, die höchste und feurige Kraft, habe jedweden Funken von Leben entzündet ... Die Luft lebt im Grünen und Blühen ... ohne die Schönheit lebensgrüner Äcker – ohne den Segen Gottes – brachliegen wird ... weil Gott Gott und Mensch ist, aus dem alle grünende Lebenskraft quillt ..."

Hildegard von Bingen beschreibt in allem, was die Schöpfung hervorbringt, die Grünkraft. Die Grünkraft ist in den Speisen, den Pflanzen, den Edelsteinen, aber auch in einer positiven Lebenseinstellung. Bei Hildegard ist die Viriditas das Leben überhaupt, die Lebensenergie, die nur von Gott kommen kann. Ein Mensch, dem der Bezug zum Schöpfer dieser Kraft fehlt oder dem der Glauben verlorenging, der besitzt nach Hildegard keine persönliche Viriditas und Grünkraft. Er „vertrocknet", er erkrankt und seine Seele verkümmert durch Trauer und Mißmut. Nach Hildegard kann der Mensch gerettet werden, wenn er sich besinnt und zu seinem Glauben an Christus zurückfindet.

Februar

Der zweite Monat

„Dies ist der Monat der Reinigung. Es reinigt sich die Natur von allem Krankhaften. So auch die Seele des Menschen. Vergleicht man sie mit dem Saft eines Baumes, durch den alle Früchte dieses Baumes gedeihen, so werden durch die Seele des Menschen alle Werke verwirklicht.

Dieser Mensch hat von der Natur eine Stärke, eine bezwingende Kraft mit einem äußerst klaren und präzisen Überblick von Situationen mitbekommen. Die Kälte der Jahreszeit zeigt sich bei ihm nur durch seine etwas kühlere Art. Er ist niemand, der seine Gefühle zur Schau stellt, sondern einen klaren Kopf behält.“

1. Februar

Namenstage: Brigitte, Severus

Gedanken zum Tag: „Fürchten will ich dich, Gott meinen Herrn – dich will ich suchen und immer mich zu Dir flüchten."

Die Subtilität

„... ist warm, und jene Wärme hat die richtige Mischung..."
„Für einen Gesunden gut zu essen..."
„... taugt einem Kranken und Geschwächten nicht zum Essen ..."

Der Begriff der Subtilität wird vor allem in der Ernährungslehre Hildegards gebraucht. Hildegard meint damit das Beziehungsverhältnis, den Zweck, den Gott in die Naturdinge legte und die für uns verborgen sind in Pflanzen, Tieren und Steinen.
Nehmen wir Lebensmittel zu uns, denen die Subtilität fehlt, wie zum Beispiel bei konservierten oder lang haltbar gemachten oder durch Bestrahlung veränderten Lebensmitteln, so können sie uns vielleicht sättigen, es fehlt ihnen aber die Viriditas, die Grünkraft und Frische, um unseren Körper richtig zu ernähren.

2. Februar

Darstellung des Herrn – Maria Lichtmeß

Namenstage: Simeon, Markward

Gedanken zum Tag: „Wie kann ich jemandem, der stumm an mir vorbeiläuft, Geschenke geben?"

Die Edelsteine – Der Beryll

„... Und wenn ein Mensch gerade Gift ißt oder trinkt, dann soll er alsbald vom Beryll in Quellwaser oder in anderes Wasser mäßig schaben, und er soll sogleich trinken, und so mache er es während fünf Tagen, indem er einmal nüchtern trinkt, und das Gift wird er entweder durch Übelkeit ausspeien oder es wird durch ihn durch das Hinterteil hinausgehen ..."

Das Beryllpulver ist ein hervorragendes Entgiftungsmittel. Dieses Pulver ist in 5g-Packungen in Apotheken erhältlich, die Hildegard-Heilmittel führen.
Anwendung: Bei stark verdorbenem Magen oder Lebensmittelvergiftungen an fünf aufeinanderfolgenden Tagen eine kleine Prise in Wasser einrühren und nüchtern trinken. Das Mittel ersetzt allerdings niemals den Arztbesuch oder einen Klinikaufenthalt!

3. Februar

Namenstage: Ansgar, Blasius

Gedanken zum Tag: „Anrufen will ich dich, Gott und Herr, laß mich laufen den Weg der Gebote, wie der Hirsch zu der Quelle eilt."

Der Mutterkümmel

„Für den Gesunden ist er jedoch gut zu essen, weil er ihm einen guten Verstand bereitet und jenem milde Wärme einbringt, der zu warm ist. Aber jedem schadet er, der krank ist, wenn er ihn ißt, weil er die Krankheit in ihm auflodern läßt, ausgenommen jenem, der in der Lunge Schmerzen leidet. Ein Mensch, der gekochten oder gebratenen Käse essen will, streue Kümmel daruf, damit er nicht davon Schmerzen leidet, und so esse er."

Da gerade Käse bei vielen Menschen Übelkeit oder Bauchschmerzen hervorruft oder gar stark aufbläht, sollte man Mutterkümmel auf den Käse zur besseren Verdauung streuen.
Vorsicht jedoch bei kranken Menschen, vor allem Herzkranken; für diese ist der Mutterkümmel äußerst schädlich, weil er die Erkrankung nur noch mehr fördert.

4. Februar

Namenstage: Rhabanus Maurus, Theophil, Veronika

Gedanken zum Tag: „O guter und milder Vater du, lehre mich deinen Willen!"

Gebet – Unwürdigkeit

„Im Innersten meiner Seele, Herr,
erkenne ich mich als Asche und Moder.
Einer zitternden Feder gleich
sitze ich ängstlich im Schatten."

5. Februar

Namenstage: Agatha, Adelheid

Gedanken zum Tag: „Gott setzte aber zwei Leuchten ins Firmament, Sonne und Mond, die Sinnbild sein sollten für das Wissen von Gut und Böse im Menschen."

Die Augentypen

„Die Pupille des Auges hat Ähnlichkeit mit der Sonne; die schwarze oder graue Farbe um die Pupille hat Ähnlichkeit mit dem Mond und das Weiß weiter außerhalb Ähnlichkeit mit den Wolken."

Hildegard beschreibt außer der Zusammensetzung und Funktion der Augen auch die Irisfarbe. Sie unterscheidet fünf Augentypen und gibt jeweils entsprechende Heilmittel für den passenden Augentyp.

6. Februar

Namenstage: Paul Miki und Gefährten, Dorothea

Gedanken zum Tag: „Die Macht der Seele kann man in den Augen des Menschen sehen."

Die Augentypen – (Graue) Blaue Augen

„Ein Mensch mit grauen, dem Wasser ähnlichen Augen, bezieht sie in erster Linie aus der Luft. Daher sind sie schwächer als andere Augen, weil sich die Luft durch den unterschiedlichen Hauch von Wärme, Kälte und Feuchtigkeit öfters verändert. Diese Augen werden auch leicht durch üble, ungesunde, feuchte Luft und Nebel geschädigt."

Der blauäugige Mensch reagiert auf Luftverschmutzung und Zugluft empfindlicher als andere Augentypen und muß hier besonders achtgeben.

7. Februar

Namenstage: Richard, Nivard

Gedanken zum Tag: „Denn wie der Mensch mit den leiblichen Augen allenthalben die Geschöpfe sieht, so schaut er im Glauben überall den Herrn."

Die Augentypen – Feurige Augen

„Wer feurige Augen hat, die einer schwarzen Wolke neben der Sonne ähnlich sind, hat sie naturgemäß vom warmen Südwind erhalten. Sie sind gesund, weil sie von der Wärme des Feuers stammen. Staub und jeder üble Gestank schadet ihnen, weil die Helligkeit nicht auf den Staub und die Reinheit nicht auf einen unbekannten Gestank achtet."

Feurige Augen haben nichts mit einem feurigen Blick zu tun. Es sind jene Augen, die einen Pupillarring haben. Diese sogenannten „Südwindaugen" reagieren äußerst empfindlich auf Staub, sind aber ansonsten sehr gesund.

8. Februar

Namenstage: Hieronymus Ämiliani, Milada, Philipp

Gedanken zum Tag: „Die Seele liebt ihren Leib und hält ihn für ein schönes Gewand und eine erfreuliche Zier…“

Das Schweinefleisch

„… und es ist weder für gesunde noch für kranke Menschen gut zu essen, weil es im Menschen weder den Schleim noch andere Schwächen vermindert, sondern vermehrt, weil seine Wärme sich zur Wärme des Menschen hinzufügt, und (dies) erregt im Menschen Stürme in seinen Sitten und Taten, was schlecht ist. Aber ein Mensch, der sehr krank ist, so daß er an seinem Körper abnimmt und dürr ist, der esse mäßig von jungen Schweinchen, während er krank ist, damit er von ihrer Wärme Wärme dazugewinnt, und nachdem er genesen ist, esse er nicht mehr von den Schweinchen, weil dies wiederum Krankheiten in ihm vermehren würde…“

Das regelmäßige Essen von Schweinefleisch und -wurstwaren sollte nach Hildegard vom Speiseplan gestrichen werden. Ausnahmen gibt es bei körperlich schwachen und kraftlosen Menschen, die jedoch nur bis zu einer Verbesserung ihres Zustandes das Fleisch vom jungen Schwein zu sich nehmen sollten .

9. Februar

Namenstag: Apollonia

Gedanken zum Tag: „Gefährtin der Engel sollte ich sein, dein lebendiger Hauch, o Gott."

Die Augentypen – Gemischte (verschiedenfarbige) Augen

„Wer Augen hat, die einer Wolke ähnlich sind, in der der Regenbogen erscheint, hat sie von der Luft mit ihren unterschiedlichen Strömungen bekommen, die weder gleichmäßig feucht noch trocken sind und daher sind sie schwach. Bei warmer Luft haben sie ein schlechtes Sehvermögen ... in reiner, regnerischer Luft aber sehen sie scharf. Jedes strahlende Licht, nämlich von der Sonne, dem Mond, den Lichtern, den Edelsteinen, den Metallen und allen anderen Dingen, ist für sie schädlich ..."

Menschen, die gemischte Augen haben, sind extrem empfindlich gegenüber allem Glänzendem, Glitzerndem und Flimmerndem. Es sind die sogenannten „Fernsehaugen", da dieses „Geflimmere" die Augen stark ermüdet und belästigt. Aber auch glitzerndes Wasser, Metall oder anderes Material stört diese Augen und man muß häufig bereits Sonnenbrillen tragen, wo andere noch keine benötigen. Sogar Lesen und vor allem die Arbeit am Computer ist für diese Augen anstrengend.

10. Februar

Namenstage: Scholastika, Wilhelm

Gedanken zum Tag: „Denn darin besteht die einzige Freude der Seele, immer und immer wieder zu überlegen, wie der Mensch in seine ewige Heimat gelangt, um ohne Ende darin zu verweilen."

Die Augentypen – Grüne (trübe) Augen

„Wer Augen hat, die einer trüben Wolke ähnlich sind, weder ganz feurig noch ganz trüb, sondern etwas graublau … hat sie von der feuchten Erde bekommen … Sie werden weder von feuchter Luft noch Staub auch nicht von üblem Gestank oder strahlendem Glanz eines Gegenstandes geschädigt, worunter die Sehschärfe anderer Augen leidet …"

Dieser Augentyp ist selten und unempfindlicher als die blauen, feurigen und gemischten Augen.

11. Februar

Namenstage: Benedikt von Aniane, Theodora

Gedanken zum Tag: „Hat doch jede Kreatur eine sichtbare und eine unsichtbare Komponente. Die sichtbare ist schwach, die unsichtbare stark und vital."

Die Augentypen – Braune (schwarze) Augen

„Wer schwarze oder trübe Augen hat, so wie manchmal eine Wolke ist, hat sie hauptsächlich von der Erde bekommen. Sie sind stärker und schärfer als andere Augen und behalten lange ihre Sehschärfe... werden aber leicht von der Erdfeuchtigkeit und der Feuchtigkeit der Gewässer und Sümpfe geschädigt...

Braunäugige Menschen haben eine bessere Sehschärfe als alle anderen Augentypen. Beschwerden können aber im Bereich von Seen, Küsten und Sumpflandschaften auftreten.

12. Februar

Namenstage: Reginald, Helmward

Gedanken zum Tag: „Das ist der Himmel: mich in rechten Seufzern der Sehnsucht zu erheben."

Kräftespiel – Die Sorge für das Irdische – Die Sehnsucht nach dem Himmelischen

Die Sorge für das Irdische: „Welche Besorgnis wäre denn wichtiger als alle Sorge um die Welt?"

Die Sehnsucht nach dem Himmlischen : „... Wie der Leib nicht leben könnte ohne die Seele, so wächst auch keine irdische Frucht ohne die Gnadenkraft Gottes... Ich habe in der Höhe meine Heimat."

13. Februar

Namenstage: Kastor, Adolf, Ermenhild

Gedanken zum Tag: „Gegrüßet seist du Maria, gegrüßt!
Neues Leben entsprang deinem Schoß,
da Adam des Lebens beraubte die Kinder."

Die Edelsteine – Der Beryll

„... und wer den Beryll immer bei sich hat und oft in seiner Hand hält und ihn oft ansieht, der streitet nicht leicht mit anderen Menschen, sondern er bleibt ruhig."
Der Beryll als Schmuckstück (Anhänger oder Kette) sollte häufig getragen oder mitgeführt und angeschaut werden.

14. Februar

Namenstage: Cyrill und Methodius, Valentin

Gedanken zum Tag: „Als die himmlischen Geister nämlich von Gott geschaffen wurden, rissen sie keine stolze Erhebung an sich, sondern verharrten starkmütig in der göttlichen Liebe."

Der Frankenwein – Das Augenmittel bei allen Augentypen

„Wenn sich ein Mensch zu Bett legt, soll er seine Lider mit reinem Frankenwein befeuchten , aber so, daß er dabei den Augapfel nicht berührt. Das nimmt die Eiterung hinweg, welche den Augen der Schläfer anhaftet und das Sehen verschlechtert."

Das Bestreichen der Augenlider mit Frankenwein hat sich als besonders schnell wirkendes Mittel bei Bindehautentzündung, verklebten und vereiterten Augen bewährt. Auch tagsüber sollte man diese öfters wiederholen. Gleich bei Beginn einer Augenentzündung angewandt, hilft diese Behandlung „Schlimmeres" abzuwenden.

15. Februar

Namenstage: Drutmar, Jovita, Siegfried

Gedanken zum Tag: „Heiliger Geist: Du mächtiger Weg, der alles durchzieht …, du fügst und schließest alles in eins.“

Die Augentypen und die Charakterzüge des Menschen

„Wer graue Augen hat, ist manchmal leichtsinnig, manchmal voreilig oder sehr ausgelassen oder faul oder unordentlich; er führt jedoch alles, was er tut, gut zu Ende.

… Wer feurige Augen hat, die einer schwarzen Wolke dicht neben der Sonne ähnlich sind, der ist klug, hat einen scharfen Verstand und neigt zum Jähzorn.

Wer Augen hat, die einer Wolke ähnlich sind, in der sich der Regenbogen zeigt, der ist ziemlich wechselhaft, das heißt manchmal traurig, manchmal fröhlich; er führt jedoch einen ehrbaren Lebenswandel.“

16. Februar

Namenstage: Juliana, Philippa

Gedanken zum Tag: „Ich bin ja das Werk, das du geschaffen; du hast es beschlossen vor aller Zeit, daß du mich so gestalten wolltest…“

Die Augentypen und die Charakterzüge des Menschen

„Wer Augen hat, die einer Sturmwolke ähneln, welche weder ganz feurig noch ganz trüb, sondern ziemlich grau ist, der ist unbeständig, leichtsinnig und verschlagen. Er ist jedoch lernfähig, so daß er alle Arbeiten, die er nicht kennt, leicht begreift und für alle Zukunft beherrscht.

Wer schwarze oder trübe Augen hat, wie manchmal eine Wolke aussieht, der ist klug und hört auf gute Ratschläge, fühlt sich jedoch bei allem, was er tut, beengt.“

17. Februar

Namenstage: Benignus, Bonosus

Gedanken zum Tag: „Die Gnade Gottes verläßt die, welche die Hilfe Gottes verschmähen, sie kommt barmherzig denen zuhilfe, die sie suchen."

Die Lebensregeln bei Hildegard von Bingen

„... Die Elemente sind ... im Menschen, nämlich das Feuer, die Luft, die Erde und das Wasser, und sie wirken mit ihren Kräften in ihm ... Wenn die ... Säfte im Menschen die richtige Ordnung und das rechte Maß einhalten, befindet er sich im Zustand der Ruhe und Gesundheit. Wenn sie sich aber gegenseitig bekämpfen, machen sie ihn ... schwach und krank ..."

Um seine Gesundheit zu erhalten oder auch wieder zu erlangen, muß der Mensch nach Hildegard stets darauf bedacht sein, gewisse Regeln, die sogenannten Lebensregeln, einzuhalten.

18. Februar

Namenstage: Simon, Konstantia

Gedanken zum Tag: „Lehre mich, o Gott, dein Saitenspiel und Zitherklang deiner Liebe zu sein."

Lebensregel – Die Lebensenergie schöpfen aus den vier Weltelementen

„... Dem Feuer verdankt er das Sehen, der Luft das Gehör, dem Wasser die Bewegung und der Erde seinen Gang ...
... Aus einem Saft oder aus zwei oder aus drei kann der Mensch nicht bestehen, sondern aus vier, damit sie sich gegenseitig regulieren. So besteht die Erde aus vier Elemente, die miteinander harmonieren."

Der Mensch sollte nach Hildegard Lebensenergie schöpfen aus den vier Weltelementen: Feuer, Luft, Wasser und Erde. Da diese Elemente sowohl im Menschen, wie auch im gesamten Kosmos zu finden sind, bedeutet es für den Menschen, auch die kosmischen Gesetzmäßigkeiten zu achten und nicht zu zerstören, um in voller Lebensfunktion und guter Lebensqualität zu existieren.

19. Februar

Namenstage: Irmgard, Hadwig

Gedanken zum Tag: „O Hirte der Seelen, o erstes Wort, durch das wir alle erschaffen sind, möge es dir gefallen, uns zu befreien aus allem Elend und aller Gebrechlichkeit."

Die Weinrautensalbe

„... Wenn ein Mensch in den Nieren und in den Lenden manchmal Schmerzen hat ... reibe er sich um die Nieren und die Lenden kräftig am Feuer ein, wo es ihn schmerzt ..."

Die Weinrautensalbe ist eines der wichtigsten Mittel bei allen Nierenleiden!
Anwendung: Sowohl beim Bluthochdruck, der ja häufig von schlecht arbeitenden Nieren herrührt, sowie auch bei Nierenschmerzen, sollte man diese Salbe täglich am offenen Feuer oder wenn dies nicht möglich ist, mit einer Rotlichtlampe bestrahlt, einreiben. Der Erfolg ist verblüffend! Man sollte diesen Vorgang ca. 5–8 Minuten durchführen, bis eine deutliche Rötung und eine damit verbundene Durchblutung erfolgt ist.
Die Weinrautensalbe erhalten Sie in Ihrer Hildegard-Apotheke.

20. Februar

Namenstage: Corona, Eleutherius, Amata

Gedanken zum Tag: „Glauben will ich an dich, meinen Herrn, und mein Vertrauen dir schenken …"

Gebet – Gottsuche

„Fürchten will ich dich,
Gott meinen Herrn;
wer wird mir helfen,
wenn vor dir ich stehe
und wer mich befreien
bei deinem schreckenerregenden Gericht?"

21. Februar

Namenstage: Petrus Damiani, Germanus

Gedanken zum Tag: „So wird der Mensch durch die Reue gehalten, täglich kraftvoll voranzuschreiten und gute und heilige Werke zu sammeln."

Das Ulmenholz

„… Und wer von der Gicht geplagt wird, soll von ihrem bloßen Holz ein Feuer anzünden und sich sogleich am Feuer wärmen. Und die Gicht wird zur Stunde weichen."

Das Ulmenholz wird von Hildegard besonders empfohlen bei Gicht und Rheuma. Das Ulmenholzfeuer bietet sich an, um Salben anzuwenden.

22. Februar

Kathedra Petri (Petri Stuhlfeier)

Namenstage: Marold, Isabella

Gedanken zum Tag: „Wenn ich mit offenen Augen betrachte, was du, mein Gott, geschaffen hast, besitze ich hier schon den Himmel."

Das Veilchenfett

„Auch ein Mensch, der Schwere im Kopf hat oder in den Nieren, oder der irgendwo von Lähmung geplagt wird, der presse Veilchensaft durch ein Tuch und er gebe genügend Bockstalg hinzu und zum halben Teil des Talgs altes Fett. Und dies zerlasse er gleichzeitig in einer Schüssel und so mache er eine Salbe, und damit salbe er sich am Kopf und anders, wo es schmerzt, und es wird ihm besser gehen."

Dieses Veilchenfett ist nicht zu verwechseln mit der Veilchensalbe (die nicht mit Fett, sondern mit Olivenöl bereitet wird).
Anwendung: Mit Veilchenfett häufig, d. h. täglich, die Nieren einreiben, um diese anzuregen; aber auch bei Kopfschmerzen (Veilchenfett als Packung 1 Stunde einziehen lassen) oder bei rheumatischen Schmerzen und Lähmungen einreiben.

23. Februar

Namenstage: Polykarp, Willigis

Gedanken zum Tag: „Wie die Monate ihren Lauf mit allem vollenden, was das Firmament zusammenhält, so vollendete auch Gott mit jenen wahrhaften Menschen alle seine Zeichen im Glauben."

Das Bibernell-Mischpulver

„... Mutterkümmel, ein Drittel Pfeffer und ein Viertel Bibernell zusammen gegeben und fein gepulvert soll er auf Brot streuen und essen. Es räumt in seinen Eingeweiden mit den unrechten warmen und kalten Säften auf, die den Menschen zum Erbrechen reizen."

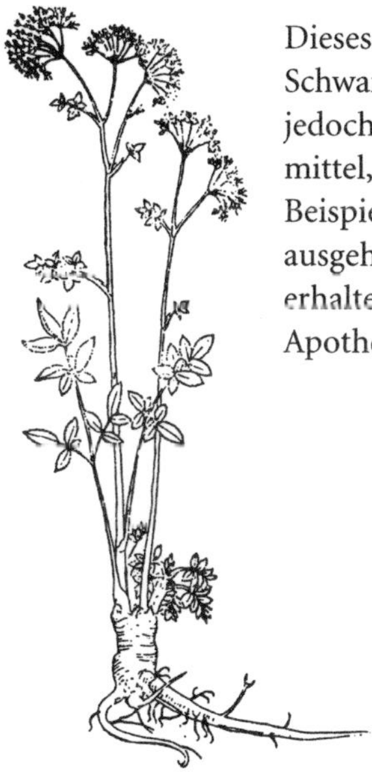

Dieses Mittel hilft schnell bei Schwangerschaftserbrechen. Es ist jedoch auch ein wichtiges Heilmittel, wenn der Brechreiz zum Beispiel von erkrankten Nieren ausgeht. Das Bibernell-Mischpulver erhalten Sie in Ihrer Hildegard-Apotheke.

24. Februar

Namenstage: Matthias, Edelbert

Gedanken zum Tag: „Denn auch der Friede des guten Willens ist der Wunsch aller Güte des Vaters, welche sein Sohn ist, der Gott und Mensch ist.“

Der Diptam

„… Denn der Stein wächst von fetter Natur im Menschen. Wenn er so zu wachsen beginnt, pulverisiere der Kranke Diptam und esse dieses Pulver oft mit Weizenbrot, und er hindert den Stein am Wachsen. Und der Mensch, in dem der Stein wuchs, der lege das Diptampulver in Essig, der mit Honig vermischt ist, und er trinke dies oft nüchtern, und der Stein in ihm wird zerbrochen …“

Fettstoffwechselstörungen sind oft die Ursache, warum Blasensteine wachsen. Bemerkt man also Harngrieß oder kleine Steinchen im Urin, esse man mehrmals täglich (ca. 3 x 1 Teel.) Diptampulver auf Weizenbrot. Bei größeren Steinen, die bereits Ärger machen, sollte man das Pulver in nur leicht verdünntem Weinessig mit Honig vermischt, nüchtern trinken, und der Stein wird sich auflösen. Diptampulver erhalten Sie in der Apotheke.

25. Februar

Namenstage: Walburga, Adeltrud

Gedanken zum Tag: „Zu dir will ich, selige Jungfrau, eilen, ergreifen den starken Schild der Demut…“

Kräftespiel – Die Zwietracht – Die Eintracht

Die Zwietracht: „Den Süden mag ich nicht und vom Osten wende ich mich ab… Der Westen trägt nur die Finsternis und der Norden hat fest in der Hand, was im Finstern bewegt wird.… Ich verhalte mich in jeder Lage, so wie es mir gefällt…“

Die Eintracht: „Könntest du denn den Himmel und seine Naturgesetze zerstören? Keineswegs! … Du möchtest dein Reich im Niemandsland aufrichten, bist aber dort in allen Dingen nur unnütz, da du die Werke Gottes lästerst. Denn gerade das ist das Nichts, das alles Guten entbehrt…“

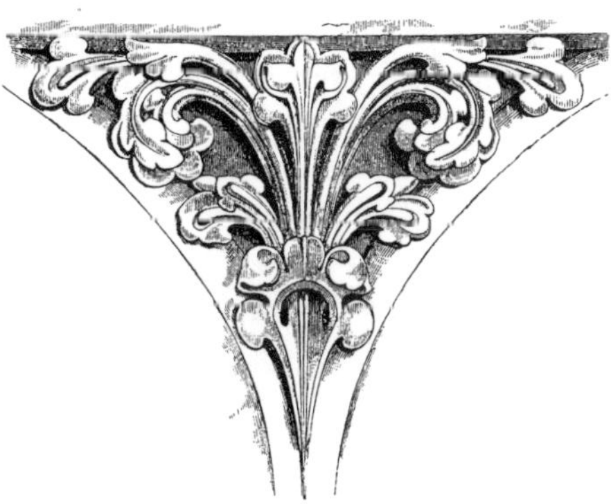

26. Februar

Namenstage: Adalbert, Mechtild

Gedanken zum Tag: „Wie nämlich der Leib des Menschen das Herz an Größe übertrifft, so sind auch die Kräfte der Seele gewaltiger als die des Körpers.“

Der Hafer

„... er bereitet einen frohen Sinn und einen reinen und klaren Verstand, und er macht ihnen eine gute Farbe und gesundes Fleisch ... für jene aber, die sehr krank und kalt sind, ist er zum Essen nicht bekömmlich, weil der Hafer immer Wärme sucht ...“

27. Februar

Namenstage: Leander, Gabriel

Gedanken zum Tag: „So hält die Geduld alle Werke in der maßvollen Mitte, gleichsam in ihrer vollen Reife.“

Geschwächte Menschen und Kinder, denen es an Appetit fehlt

„Und wer sogar so krank ist, daß er kein Brot essen kann, der nehme Gerste und Hafer in gleichem Gewicht und füge etwas Fenchel bei und koche (das) gleichzeitig in Wasser und trinke ihn wie eine Brühe.“
Rezept: 1 Eßl. Gerste, 1 Eßl. Hafer, 2 Teel. Fenchel mit 1 l Wasser ca. 25 Minuten kochen, abseihen und eventuell mit etwas Zimt verfeinern.

28. Februar

Namenstage: Romanus, Oswald, Silvana

Gedanken zum Tag: „Zwei Augen hast du, o Gott, mir gegeben, im Dunkeln ein herrliches Licht zu schauen, zu wählen den Weg, den ich gehen soll.“

Die Gewürznelke

„... wenn jemand Kopfschmerzen hat, so daß ihm der Kopf brummt, wie wenn er taub wäre, esse er oft Nelken, und das mindert das Brummen, das in seinem Kopf ist.... Wenn daher die Wassersucht schon im Menschen zu wachsen beginnt, esse jener oft Nelken, und sie unterdrücken die Krankheit, weil ihre Kraft in die Eingeweide jenes Menschen übergeht... Aber auch die Wärme des Markes des Menschen schwitzt wiederholt und verursacht Fußgicht in ihm... wenn jener oft Nelken ißt, geht ihre Kraft in das Mark jenes Menschen und verhindert, daß die Fußgicht wächst...“

Täglich 3–4 Gewürznelken kauen hat sich bei der Nierenwassersucht (Nierensklerose) bewährt, aber vor allem bei der sogenannten Großzehengicht, die besonders oft bei Dialysepatienten auftritt. Auch Mensch, die durch ihren Bluthochdruck häufig Kopfbrummen haben, sollten dieses Gewürz täglich essen.

29. Februar

Namenstage: Oswald, August

Gedanken zum Tag: „Die Gläubigen sollen einfältigen und demütigen Herzens an Gott als den Einen und Wahren in drei Personen glauben und ihn nicht waghalsig erforschen."

Der Leinsamen

„... Der Lein ist warm und taugt nicht zum Essen. Aber wer in der Seite Schmerzen hat, der koche Leinsamen in Wasser, er tauche ein leinenes Tuch in jenes warme Wasser ein, und ohne jenen Samen lege er das Tuch oft auf seine Seite und jener Schmerz, obwohl er stark ist, wird etwas gemildert und läßt nach ... Und wer irgendwo an seinem Körper vom Feuer gebrannt wurde, der koche stark Leinsamen in Wasser, und er tauche ein leinenes Tuch ins Wasser und lege es warm auf jene Stelle, wo er gebrannt wurde, und es zieht die Verbrennung heraus."

Leinsamen empfiehlt Hildegard nur äußerlich, auf keinen Fall zum inneren Gebrauch. Er ist ein hervorragendes Heilmittel bei Verbrennungen, Sonnenbrand und Hautschäden: der Schmerz läßt sehr rasch nach und es bleiben keine oder nur ganz unscheinbare Narben zurück: Ganze Leinsamenkörner (ca. 3 Eßl. auf 1 l Wasser) 10 Minuten kochen und abseihen. Ein frisch gebügeltes (keimfreies) Leinentuch (es muß echtes Leinen sein!) mit dem warmen (ca. 40°) Leinsamenwasser tränken und auf die verbrannte Stelle legen.

März

Der dritte Monat

„Der dritte Monat kommt mit einem wilden Wirbel.
Er kann gewaltige Unwetter mit sich führen,
doch setzt er auch mit seinen vielfachen Winden die
Keime der Erde in Bewegung.
Mit dieser kraftvollen Art will die Natur die gefrorene
Jahreszeit wachrütteln, in Bewegung setzen,
damit der Frühling kommen kann. So auch der Mensch;
er kann durch seinen stürmischen Charakter
und seinen Hang zur Anerkennung sehr viel bewegen.
Er muß jedoch vorerst seinen Hochmut,
seinen Sturm, überwinden, oft durch
leidvolle Erfahrungen, bevor seine Werke zu
fruchten beginnen."

1. März

Namenstage: Albin, David, Roger

Gedanken zum Tag: „Der Mensch gleicht dem Weltgebäude und lobt Gott kraft seiner Vernunft."

Der Mond und sein Einfluß

„… Wenn der Mond zunimmt und voll wird, dann vermehrt sich auch das Blut im Menschen, und wenn der Mond abnimmt, dann nimmt auch das Blut im Menschen ab … Wenn nämlich das Blut im Menschen bis zum vollen Stand zugenommen hat und wenn es dann im Menschen nicht wieder abnehmen würde, würde er ganz und gar zerbersten."

Diese Erklärung Hildegards zeigt, wie sehr der Mensch als Mikrokosmos einen Teil des gesamten Kosmos darstellt, mit den gleichen natürlichen Gesetzmäßigkeiten: Der Mond sorgt nicht nur für Ebbe und Flut in den enormen Wassermengen des Ozeans, sondern wirkt auch im menschlichen Körper.

2. März

Namenstage: Agnes von Böhmen, Karl, Grimo

Gedanken zum Tag: „Gold muß im Feuer erprobt und kostbare Edelsteine müssen gereinigt und geschliffen werden … Ihr törichten Menschen, wie könnte also das, was als Bild und Gleichnis Gottes geschaffen ist, ohne Prüfung bestehen?"

Die inneren Organe des Menschen

„Die Seele ist feurig, luftartig und feucht, und sie besitzt das ganze Herz des Menschen. Die Leber erwärmt das Herz, die Lunge bedeckt es, und der Magen ist im Körper des Menschen ein innerer Raum für die Aufnahme der Speisen. Das Herz ist der Sitz des Wissens, die Leber der Sitz des Gefühls, die Lunge ist wie eine Blattader der Vernunft, und der Mund ist das Sprachrohr für das, was der Mensch äußert, und der Empfänger dessen, was den Körper erquickt; er bringt die Stimme hervor, nimmt aber die Stimme nicht auf. Aber das Ohr nimmt die Stimme auf, bringt aber die Stimme nicht hervor …"

Diese Aussage Hildegards zeigt, daß im Menschen von Natur aus immer eine ganzheitliche Situation herrscht. Die Organe sind nach Hildegard auch für das Seelenleben und das Geistige in uns verantwortlich.

3. März

Namenstage: Friedrich, Dietram

Gedanken zum Tag: „Heile mich, gütiger Vater, suche barmherzig mich heim, denn mein Gott bist du ja.“

Der Steinbrech

„Der Steinbrech ist kalt und hat starke Kräfte in sich, und zum Gebrauch eines Menschen, der einen zarten Körper hat, taugt er beim Essen nichts, weil er für seinen Körper zu stark wäre. Aber wenn im Magen oder in der Blase oder irgendwo im Körper des Menschen sich Schleim zusammenballt und sich so verhärtet wie ein Steinchen, dann zerstoße jener Samen vom Steinbrech in Wasser und er trinke das oft so nach dem Essen und nicht nüchtern, und so zerbricht jenes Getränk das, was im Menschen wie ein Steinchen hart und widerstrebend ist, und so wird jener Mensch geheilt werden …“

Hier finden wir ein erstklassiges Steinmittel. Ganz gleich, ob der Stein in der Blase oder in der Galle sitzt, man gebe eine Prise Steinbrechsamen in ein Glas Wasser und trinke dies nach jedem Essen und der Stein wird aufgelöst.
Da diese Pflanze sehr selten ist, empfiehlt es sich, Steinbrech im Garten anzubauen.

4. März

Namenstage: Kasimir, Rupert

Gedanken zum Tag: „Durch dich (Heiliger Geist) wogen
die Wolken und fliegen die Lüfte,
läßt sprossen die Erde das Grün."

Der Mond und das Fällen der Bäume

„... Auch in den Bäumen ... nimmt der Saft bei zunehmendem Mond zu und bei abnehmendem Mond ab. Daher werden sie, wenn sie bei zunehmendem Mond gefällt werden ... mehr vom Ungeziefer und vom Holzwurm zerfressen, als wenn sie beim abnehmendem Mond gefällt würden ..."

5. März

Namenstage: Oliva, Dietmar

Gedanken zum Tag: „Ich vergaß dich, meinen Schöpfer,
da ich nicht vom Begehren des Fleisches nach
der Erkenntnis meiner Vernunft abwich aus Furcht
und Liebe zu dir!"

Der Maulbeerwein

„Wenn jemand an der Leber leidet, der soll Maulbeerwein oft trinken, weil nämlich das Leiden öfter von einer Blutüberfüllung (der Leber) entsteht. Da der Maulbeersaft gleichsam vom Blut ist, beruhigt er diese wieder ..."

6. März

Namenstage: Fridolin, Chrodegang, Coleta

Gedanken zum Tag: „Ich werde mich nicht beeinflußen lassen von meinem verkehrten Eigenwillen. Zurückkehren will ich zu dir, meinem Vater, dem nicht gehorchen wollte der Teufel."

Die Pfennigkrautmischung

„... Diesen Wein soll er neun Tage lang auf nüchteren Magen trinken, aber nur ein wenig nach dem Frühstück, und mit demselben Wein soll er sich eine fette Eisuppe bereiten und essen. Wenn er schlafen geht, soll er den Wein mit einem heißen Stahl erwärmen und dann trinken und sich mit einer warmen Decke zudecken, damit er schwitzt. Das soll er tun, bis er geheilt ist."

Dieses Rezept bietet sich bei jeder Form der Gelbsucht an, aber wegen der Schwere der Krankheit immer in Absprache mit einem Arzt.
Rezept: 60 g Pfennigkrautmischung in 1 l guten trockenen Wein legen und einige Tage dunkel stellen, dann 9 Tage lang vor und nach dem Essen etwas davon trinken. Am Abend etwas Wein (1 Likörglas) mit einem Tauchsieder erhitzen, trinken und im Bett nachschwitzen.

7. März

Namenstage: Perpetua und Felizitas, Volker

Gedanken zum Tag: „Im Frieden entbrenne die Bruderliebe, sie ahme, o Gott, deine Güte nach."

Die Edelsteine – Der Chrysolith

„... und er hat fast eine Art lebensspendende Kraft in sich, so daß, wenn er bei dem neugeborenen Jungen eines Vogels oder eines anderen Tieres zu liegen kommt, von seiner Kraft so gestärkt wird, daß er schon vorzeitig beginnen würde, davonzulaufen ..."

Die Kraft dieses Steines, die wie Hildegard sagt, etwas Lebensspendendes in sich hat, wäre hier vor allem zur Entwicklung von Kindern (Neugeborenen) einzusetzen. Man kann dem Säugling einen Chrysolith als Fußkettchen oder -anhänger geben.

8. März

Namenstage: Johannes von Gott, Eddo, Warmund

Gedanken zum Tag: „Mehre die Freude an jeglicher Tugend, du meine Freude, o Herr der Welt!"

Kräftespiel – Der Hochmut – Die Demut

Der Hochmut: „Meine Stimme schreit weithin über alle Berge. Wer könnte sich mit mir messen? Über Hügel und Felder breite ich meinen Mantel aus und will nicht, daß auch nur einer mir Widerstand leistet. Ich weiß, daß keiner mir gleicht."

Die Demut: „Warum sollte ich nicht dulden, daß einer mir auch noch so schreckliches Unrecht zufügt, da doch der Schöpfer selbst vom Himmel herniederstieg, um die Menschen an sich zu ziehen? Ich hatte in den Höhen meine Heimat beim Schöpfer und stieg hernieder mit ihm auf die Erde und kann so an allen Enden der Erde wohnen. Daher bringe ich kein Wort trügerisch über meine Lippen wie ich sei dieser oder jener – wo ich doch gar nichts bin. Würde ich das behaupten, so wäre ich nicht die Sonne, die das Dunkel erhellt. Denn mit Gott durchdringe ich alle Finsternis. Daher vermag mich kein Sturm erschüttern, da ich in der vollen Güte mit Gott verweile."

9. März

Namenstage: Bruno von Querfurt, Franziska

Gedanken zum Tag: „Mein Schöpfer und Herr, du bist meine Stärke, ohne dich kann ich nichts Gutes tun."

Die Galle und ihre Erkrankungen

„... Der Mensch aber, bei dem die Galle größere Kräfte als die Schwarzgalle hat, kann den Zorn leicht bändigen. Jener, bei dem die Schwarzgalle stärker ist als die Galle, wird leicht zum Zorn gereizt... Die Schwarzgalle aber nimmt von schlechten, bitteren, unsauberen und schlecht zubereiteten Speisen zu..."

Hildegard gibt hier wieder einen Hinweis, daß gerade das richtige Essen und Trinken, im Zusammenhang mit Maßhalten und dem Verzicht auf Küchengifte und schlechte Eßgewohnheiten, die Schwarzgalle beeinflußt. Wir sollten immer auf ein Gleichgewicht zwischen Schwarzgalle und Galle achten. Ein „hildegardisches" Essen fördert den Gallenfluß und bringt somit eine bessere Verdauung, während Küchengifte und Maßlosigkeit die Schwarzgalle überlaufen lassen und damit auch den Zorn herbeiführen.

10. März

Namenstage: Gustav, Emil

Gedanken zum Tag: „Auf den Pfaden des Eigenwillens packt mich im Übermut doch die Furcht…“

Gebet – Unbeständigkeit

„O allwissender Gott, der das Gute schuf,
ich zittere im Bewußtsein der Sünde.
In der Reue erkenn' ich mich zwar,
lasse sie aber nicht wirksam werden,
und es bleibt mir die Angst.“

11. März

Namenstage: Rosina, Wolfram

Gedanken zum Tag: „Hat doch selbst er sich demütig der Armut unterworfen.“

Die Aloe und die Gelbsucht

„… Und wer Gelbsucht hat, der lege Aloe in kaltes Wasser, und morgens sowie wenn er schlafen geht, trinke er es, und er wird geheilt werden…“

Anwendung: Man gibt Aloe in ein Glas Wasser und läßt dies mehrere Stunden ziehen, dann ohne umzurühren, trinkt man das Wasser und läßt die restliche Aloe, die unten im Glas übrig bleibt zurück, da Aloe eine stark abführende Tendenz hat.

12. März

Namenstage: Almud, Beatrix, Theophan

Gedanken zum Tag: „Die Seele kann nichts ohne den Leib wirken, sie braucht ihn, um sich angemessen auszudrücken, ja es ist ihr eine Lust, im Leib zu wirken."

Der Mond und das Beschneiden und Pflanzen von Bäumen und Weinstöcken

„… Das Beschneiden und Pflanzen erfolgt besser bei abnehmendem als bei zunehmendem Mond … wegen des aufsteigenden und überschüssigen Saftes beim zunehmendem Mond, schlagen sie nicht so gut Wurzeln und wachsen nicht so gut heran und kümmern dahin … und viel Saft fließt aus ihnen heraus …

Die Regel nach Hildegard: Schneiden Sie im März ihre Bäume und Weinstöcke bei abnehmendem Mond, damit sie nicht zu sehr Saft verlieren und mehr Fruchtfülle aufweisen können. Das Pflanzen von Bäumen erfolgt das ganze Jahr immer bei abnehmendem Mond, um so besseres Wurzelwachstum zu fördern.

13. März

Namenstage: Paulina, Judith

Gedanken zum Tag: „Gruß sei dir, o Jungfrau! Du strömest über von Herrlichkeit, du heile Schöpfung.“

Die Edelsteine – Der Chrysolith

„… Und dieser Stein stärkt das Wissen in dem Menschen, der ihn bei sich haben soll, so daß wer gutes Wissen und gute Kunst hat, diesen Stein auf sein Herz legen soll, und solange er dort liegt, schwindet das Wissen und die gute Kunst nicht in ihm …“

Der Chrysolith stärkt das bereits vorhandene Wissen und verstärkt die Kunstfertigkeit im Menschen.
Heute kennt man den Namen „Chrysolith“ kaum noch, er wird als Perdot oder Peridot im Edelsteinhandel angeboten.

14. März

Namenstage: Mathilde, Einhard

Gedanken zum Tag: „... daher sind sie von allem Guten abgeschnitten worden: nicht, weil sie das höchste Gut nicht kannten, sondern weil sie es in eitlem Stolz verachteten."

Ernährungshinweise bei Gallenwegserkrankungen

„... Die Schwarzgalle aber nimmt von guten und wohlschmeckenden Speisen ab, dagegen von schlechten und schlecht zubereiteten Speisen zu ... Ebenfalls bei Krankheiten durch die verschiedenen Säfte nimmt die Schwarzgalle zu ..."

Wohlschmeckende und gesunde Speisen, die Hildegard sehr wichtig sind und deren Verzehr sie empfiehlt, sind: Dinkel, Fenchel, Edelkastanien, Sellerie, Karotte und Habermus.
Erlaubte und gut verträgliche Getränke, vor allem bei Gallensteinen und -Koliken sind: Fencheltee, Dinkelkaffee, Salbeitee, Dinkelbier und geringe Mengen verdünnter Rotwein.

15. März

Namenstage: Klemens Maria Hofbauer, Luise, Longin

Gedanken zum Tag: „Wie durch den Saft alle Früchte des Baumes gedeihen, so werden durch die Seele alle Werke des Menschen verwirklicht."

Die Schlüsselblumen zur Aromatherapie gegen Depressionen

„... Aber dieses Kraut empfängt hauptsächlich seine Kräfte von der Kraft der Sonne. Daher unterdrückt es die Melancholie im Menschen ... Daher lege dieser Mensch das Kraut auf das Fleisch und an sein Herz, damit es davon warm werde ..."

Man ruhe ca. 1 Stunde mit einer Handvoll gelber Schlüsselblumen auf das Herz gelegt und fühlt sich danach wie befreit von seiner Schwermut.

16. März

Namenstage: Heribert, Gummar

Gedanken zum Tag: „Der Geist, der meinen Körper belebte, wird ihn verlassen und kehrt zurück zum Herrn der Schöpfung, der ihn aus Gnade meinem Leibe verliehen."

Die richtige Vene beim Aderlaß

„... Wer nämlich viel Pflegma im Kopf oder in der Brust hat oder wem der Kopf dröhnt, so daß dadurch sein Hörvermögen erheblich gestört ist, soll der Kopfader Blut entnehmen, sich jedoch vorsehen, daß er dort nicht viel Blut entnimmt... denn sonst verschlechtern sich dadurch die Augen... Wer aber ein trauriges Herz oder eine gedrückte Stimmung hat und wer in einer Seite oder in der Lunge Schmerzen hat, soll an der Mittelader Blut entnehmen, aber nur wenig, damit er die Kraft des Herzens behält... Wenn jemand in der Leber oder in der Milz Schmerzen hat oder wenn jemand im Hals oder im Rachen Atembeschwerden verspürt oder wer an einer Augenschwäche leidet, soll an der Leberader Blut entnehmen und es wird ihm besser gehen..."

Der Arzt oder Heilpraktiker, der mit Hildegard-Heilkunde vertraut ist, entscheidet, welche Vene für den Patienten die entscheidende ist.

17. März

Namenstage: Gertrud, Patrik

Gedanken zum Tag: „Wer mit dem Auge des Glaubens dich schaut, dreifaltiger Gott, geht zugrunde nicht."

Kochrezept:

Hildegardischer Kopfsalat

1 gewaschenen Kopfsalat zerschneiden und mit 2–3 Eßl. gekochten Dinkelkörnern vermischen. 2 Eßl. Weinessig, 4 Eßl. Sonnenblumenöl, 1 Prise Salz, Bertram, Pfeffer sowie Kräuter nach Belieben und eine gedünstete Zwiebel zu einer Marinade bereiten und diese an das Kopfsalat-Dinkelgemisch geben und einwirken lassen.

Gebratene Felchenfilets in Mandelbutter

4 filetierte Felchen mit Zitronensaft beträufeln, mit einem Gemisch aus Salz, Pfeffer, Galgant und Bertram sowie Bachminze würzen und in heißem Sonnenblumenöl auf beiden Seiten ganz kurz anbraten. Das Öl abgießen, frische Butter in die Pfanne geben und die Filets ca. 8–10 Minuten unter mehrmaligem Wenden braten. Die Felchenfilets herausnehmen, warmstellen und im Bratenfond 50 g Mandelblättchen anrösten. Die Fische mit etwas heißer Butter begießen, den Mandelblättchen bestreuen und mit Zitronenspalten und frischer Petersilie garnieren.

18. März

Namenstage: Cyrill von Jerusalem, Eduard

Gedanken zum Tag: „Vom Tau deines Segens trinke ich und lächle dir zu aus zerknirschtem Herzen."

Das Essen von Fisch

Der Lachs

„… und er ist weich und schwach, und er ist für keinen Menschen gut zu essen, weil er alle üblen Säfte erregt, die im Menschen sind …"

Der Karpfen

„… und von den Sümpfen hat er weiches und schwaches Fleisch in sich … und sein Fleisch schadet einem gesunden Menschen beim Essen nicht, einem Kranken aber schadet es etwas …"

Die Bachforelle

„… und für kranke Menschen taugt sie nicht viel zum Essen, die Gesunden aber schädigt sie nicht …"

19. März

Namenstag: Hochfest des heiligen Josef

Gedanken zum Tag: „Viel ist dir geschenkt, viel wird auch von dir gefordert. Denn wenn du – von himmlischer Berührung angerührt – mich anrufst, wirst du die Antwort vernehmen."

Das Essen von Fisch

Der Hering

„…der Hering ist für Gesunde und Kranke, wenn er frisch ist, schädlich zu essen… Und sowohl für den Kranken als auch für den Gesunden ist der Hering besser und heilsamer gebraten als gekocht zu essen…"

Der Barsch

„…er hält sich gerne in der Reinheit der Gewässer auf und sucht dort reine Nahrung… und sein Fleisch ist gesund und für kranke und gesunde Menschen gut zu essen."

Der Hecht

„Er verlangt reine Nahrung und hat hartes und gesundes Fleisch… sowohl kranken wie auch gesunden Menschen ist sein Fleisch gut zum Essen…"

20. März

Namenstage: Irmgard, Gisbert

Gedanken zum Tag: „O Herr, um der Furcht willen nennt man dich Herr, aber Gott um der Liebe willen."

Das Essen von Fleisch

Das Schaf, das Lamm

„... ist für gesunde und kranke Menschen im Sommer gut zu essen, im Winter aber taugt es nicht zum Essen, weil es kalt ist, und weil auch der Winter kalt ist..."

Die Ziege

„... und sein Fleisch ist für gesunde und kranke Menschen gut zu essen und wenn es oft gegessen wird, heilt es die zerbrochenen und zerquetschten Eingeweide und es heilt und stärkt den Magen dessen, der es ißt."

21. März

Namenstage: Benedikt von Nursia, Christian

Gedanken zum Tag: „Lehre mich mehr und mehr, mein Gott, heilige, gute Taten zu wirken."

Gebet – Zweifel

„O Gott, hast nicht du mich geschaffen?
Die elende Erde erdrückt mich!"
Weiß ich, ob Gott überhaupt existiert?
Wo ist denn mein König und Gott?"

22. März

Namenstage: Lea, Elmar

Gedanken zum Tag: „Nach den Taten der Übertretung will ich mich richten nach deinem Willen, das Böse meiden und Gutes tun."

Rezepte für ein „hildegardisches" Ostermenü

Fenchelfrischkost mit Orangen: 2 Eßl. kaltgepreßtes Sonnenblumenöl mit 200 g saurer Sahne glattrühren. ½ Banane mit der Gabel zerdrücken, mit etwas geriebenen Meerrettich und feingehacktem Estragon unter die Sauce mischen. Mit Zitronensaft, Galgant, etwas Salbei und Honig kräftig abschmecken. 2 kleine Fenchelknollen fein schneiden, 2 kleine Äpfel fein würfeln, beides mit Zitronensaft beträufeln und mit der Salatsoße mischen. 2 Orangen schälen, filetieren und den Salat damit garnieren, mit Mandelsplittern und Fenchelgrün garnieren.

Servieren Sie diese köstlichen Vorspeise etwa vor einer Lammkeule im Kräutermantel (Beifuß und Quendel nicht vergessen!) oder gebratenen Felchenfilets in Mandelbutter (mit Galgant und Bertram würzen!) .

Als Dessert empfiehlt sich Quittenschaum, den Sie aus Quittenmarmelade oder -gelee auch zu dieser Jahreszeit bereiten können: Steif geschlagene Sahne mit Quittenmarmelade oder -gelee leicht vermengen, mit etwas Rohrzucker bestreuen.

23. März

Namenstage: Merbot, Rebekka

Gedanken zum Tag: „Gegürtet mit der Enthaltsamkeit, erblühe ich in Glückseligkeit.“

Kräftespiel – Die Ausgelassenheit – Die Zucht

Die Ausgelassenheit: „Was könnte dem Menschen schon Freude schaden, sie bringt wenigstens zum Lachen... Was wäre auch ein Mensch, dem immer nur zum Sterben zumute ist? Nichts. Darum laßt uns fröhlich sein, solange es hier noch etwas zum Freuen gibt.“

Die Zucht: „... mit den ungepflegten Manieren verspielter Menschen gleichst Du unstetem Winde und in deiner Wechselhaftigkeit dem Gewürm, das im Erdreich wühlt... Ich aber, ich bin ein Gürtel der Heiligkeit und ein Mantel der Ehrbarkeit. Zu des Königs Hochzeit bin ich geladen und erscheine dort mit Freuden und in Züchten. Strahlend trete ich dort auf, in aller Pracht der Gerechtigkeit.“

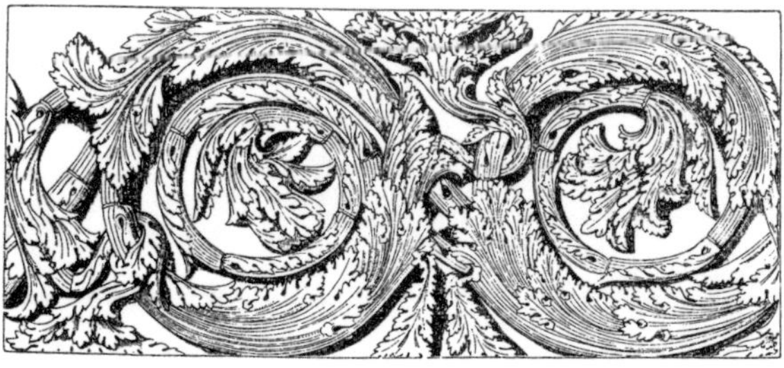

24. März

Namenstage: Katharina von Schweden, Adelmar, Elias

Gedanken zum Tag: „Ihr Menschen alle, beugt jetzt die Knie vor eurem Vater, damit er euch reichen kann seine hilfreiche Hand."

Gedanken zu Ostern

„Denn als dieses unschuldige Lamm zum Heil der Menschen auf den Altar des Kreuzes gehoben worden war, erschien die Kirche im reinen Glanz des Glaubens durch ein unermeßliches Mysterium im Himmel und wurde dem Eingeborenen Gottes durch die erhabene Majestät verbunden. Was bedeutet das? Als nämlich aus der Seitenwunde des Sohnes Blut entströmte, begann alsbald die Erlösung der Seelen."

25. März

Namenstage: Annuntiata, Ancilla

Gedanken zum Tag: „Maria – in dir hat der Vater das Wort zum Menschen geformt."

Das Fasten

„... Wenn sich der Mensch, zur Enthaltsamkeit von Speisen durchringt, hüllt er sich wie in Seide und Purpur."

Jetzt wäre die richtige Zeit für eine Reinigung von Körper, Geist und Seele.

26. März

Namenstage: Ludger, Larissa

Gedanken zum Tag: „Wenn ich durch Reue auferstehe, werde ich nicht in Sünden sterben, sondern dem Tod entrissen, werde ich ewig leben."

Die Ingwer-Ausleitungs-Kekse

„Wenn ein Mensch ein Purgiermittel machen und einnehmen will, der nehme Ingwer, den halben Teil davon Süßholz und ein Drittel vom Ingwer Zitwer. Dieses pulverisiere er und siebe es fein…"

Die Ingwer-Ausleitungs-Kekse erhalten Sie als Fertigprodukt in Ihrer Hildegard-Apotheke. Man nimmt morgens 1 Stück Keks nüchtern, vor dem Aufstehen, also noch im Bett, und läßt es langsam im Munde zergehen. Die Kekse bewirken eine milde Ausleitung über Leber, Darm und Nieren, wirken stoffwechselanregend und beseitigen Schlacken und Giftstoffe und krebserregende Fäulnisstoffe aus Magen und Darm. Denjenigen, die ihre Fastenkur jetzt im Frühjahr geplant haben, seien die Ingwer-Ausleitungs-Kekse zur Unterstützung sehr ans Herz gelegt!

27. März

Namenstage: Haimo, Frowin

Gedanken zum Tag: „Wie Gott die Natur im Menschen vorgebildet hat, so hat er auch in ihm die Zeiten des Jahres geordnet."

Der Bärlauch

„Der Bärlauch hat nicht die rechte Wärme, sondern scharfe Feuchtigkeit … Und roh ist er so schädlich und giftig zu essen wie der Saft unnützer Kräuter. Gekocht ist er gesund zu essen, weil durch das Feuer das Schädliche, das in ihm ist, vermindert wird. Gut ist er gekocht für jene, die Schüttelfrost oder Fieber oder Gicht haben. Jenen aber, die magenkrank sind, bereitet er sowohl roh als auch gekocht Schmerzen, weil er feucht ist."

Den Bärlauch, als wilder Knoblauch bekannt, nur in Speisen (als Gemüsebeilage) mitkochen, niemals roh verzehren! Der Magenkranke jedoch sollte ihn immer meiden, weil er ihm Schmerzen bereitet.

28. März

Namenstage: Guntram, Gundelinde

Gedanken zum Tag: „Mit wahren Zeichen aber wird zu dem gesprochen, der sich müht, Gott in rechter Inbrunst des Herzens zu verehren."

Das Osterfest und der Vollmond

„... All das gilt auch für die Jahreszeiten, werden diese doch vom Mond geregelt, ebenso die Beschaffenheit der Luft, d.h. Regen oder Dürre des Sommers oder Winters. Alles wird von ihm geregelt, ist er ja die Mutter aller Jahreszeiten und, wie die Söhne einer Mutter nach ihr gezählt werden, werden alle Zeiten auch nach dem Mond gerechnet ..."

Das Osterfest wird am ersten Sonntag nach dem Frühlingsvollmond gefeiert.

29. März

Namenstage: Helmut, Ludolf

Gedanken zum Tag: „Aber die Menschen änderten die schöne Gestaltung ihrer Vernunft und vermischten sich mit den Tieren."

Das Essen bestimmter Geflügel

Der Strauß

„Ein Mensch aber, der Epilepsie hat, der esse oft Straußenfleisch und es verleiht ihm Kräfte. Aber auch für fette und starke Menschen ist sein Fleisch gesund zu essen, weil es deren überflüssiges Fleisch mindert und sie stark macht."

30. März

Namenstage: Diemut, Amadeus

Gedanken zum Tag: „Doch hat Gott mich bis jetzt immer wieder neu belebt.“

Das Essen bestimmter Geflügel

Das Huhn

„Und ihr Fleisch ist für gesunde Menschen gut … die Kranken aber erquickt es ein wenig. Wenn aber jemand sehr krank ist und dieses Fleisch oft ißt, bereitet es in seinem Magen Schleim und macht den Magen so krank, daß er gegessene Speisen kaum verdauen kann, weil dieses Fleisch kalt ist …“

Die Gans

„… und sie ernährt sich von reiner und unreiner Nahrung … taugt ihr Fleisch für Kranke nicht zum Essen, weil es im Menschen oft Schleim und Geschwüre bereitet … Aber Menschen, die gesund sind, können das gegessene Fleisch irgendwie verkraften …“

31. März

Namenstage: Benjamin, Guido, Kornelia

Gedanken zum Tag: „Die Speise des Lebens reichst du mir, weil ich dich bat um Stärkung."

Baden oder Saunen?

„Es ist dem Menschen nicht nützlich häufig im Wasser zu baden, es sei denn, er ist mager und dürr, kühlt leicht ab und erwärmt sich leicht, weil er kraftloses Fleisch hat. So einer kann im Wasser baden, damit er seinen Körper erwärmt und ihn anfeuchtet. Denen aber, die fettes Fleisch haben, schaden die Bäder… außer sie baden nur selten, um den Schmutz abzuwaschen und steigen schnell wieder aus dem Bade…"
„Das Schwitzbad, das mit glühenden Steinen gemacht ist, paßt für den dürren Menschen nicht, weil er sich dadurch noch trockener macht. Für den aber, der fettes Fleisch hat, ist es gut und nützlich, weil es die Säfte, die in diesem im Übermaß vorhanden sind, einschränkt und verringert…"

Hildegard meint, daß Baden oder Saunen nicht für jeden gleich gut. Die Regel nach Hildegard wäre: Magere Menschen sollten das Baden, dickere Menschen die Sauna vorziehen.

April

Der vierte Monat

„Der April ist der Monat, der die Veriditas,
die Grünkraft und den Wohlgeruch verkörpert, auch
wenn es in ihm schrecklich donnern kann.
Wir erleben im April das Erwachen der Natur nach
einem starren Winter, das Sprießen des ersten Grüns,
eben dieVeriditas, und den ersten Duft
der Frühlingsboten. Der Mensch erhält jene Grünkraft,
die auch die Natur mit sich bringt,
aber nur dann, wenn er fest im Glauben zu Gott steht.
Der Mensch ist es, der den Ruf der
Rechtschaffenheit und Nützlichkeit überall hin zum
Ruhme Gottes ausströmt.“

1. April

Namenstage: Irene, Agape, Hugo

Gedanken zum Tag: „Im Reich der Seligkeit im Glanz unvergänglichen Lichts leuchtend ist seine himmlische Gottheit unfaßbar für den Menschengeist."

Das Apfelknospenöl gegen Kopfschmerzen

„Und wer durch eine Leber- oder Milzschwäche, oder von üblen Säften des Bauches oder Magens, oder von Migräne im Kopf leidet, der nehme die ersten Sprossen, d. h. die Knospen des Apfelbaumes und lege sie in Baumöl, und er wärme sie in einem Gefäß an der Sonne, und abends, wenn er schlafen geht, salbe er den Kopf mit diesem Öl und tue dies öfters, und er wird sich besser im Kopf befinden."

Herstellung:
Man sammelt eine Handvoll frische Apfelblütenknospen, gibt diese in eine Flasche aus weißem Glas und übergießt die Blütenknospen mit reinem Olivenöl. Das Gemisch wird ca. 4 Wochen der Sonne ausgesetzt und dabei öfters geschüttelt. Dann abseihen, niemals auspressen (!), eventuell mit einigen Tropfen Rosenöl (wegen des ranzigen Geruchs) vermischen und vor dem Schlafengehen Stirn und Schläfen leicht damit einmassieren. Dieses Mittel (Sie erhalten es auch in Ihrer Hildegard-Apotheke) hat sich bestens bewährt.

2. April

Namenstage: Franz von Paula, Sandrina

Gedanken zum Tag: „Allein der Mensch ist berufen zum Mitwirken am göttlichen Schöpfungswerke."

Die Edelsteine – Der Chrysopras

„Und in welchem Glied auch immer den Menschen die Gicht plagt, der lege den Chrysopras auf seine nackte Haut, und die Gicht wird weichen.... an welchem Ort auch immer dieser Stein ist, wo ein todbringendes Gift ist, dort verliert es (das Gift) seine Kräfte, so daß es ohne Kräfte schwach wie Wasser wird..."

Der Chrysopras ist der Rheuma- und Gichtstein. Man legt einen Trommelstein entweder direkt auf die schmerzende Stelle oder trägt einen Chrysopras als Kette, Armreif oder Anhänger auf der bloßen Haut und fixiert ihn hier. Auch legt man den Stein in ein Getränk (zum Beispiel Fencheltee) und trinkt dieses, damit sich die inneren Giftstoffe verändern und somit eine gezielte Ausleitung erfolgen kann. Dies hat sich bestens in der Praxis bewährt.

3. April

Namenstage: Richard, Thiento, Liutbirgis

Gedanken zum Tag: „Mein Gewand wurde ganz zerrissen. Und so aus meinem Erbteil vertrieben, wurde ich an einen fremden Ort entführt, der aller Schönheit und Würde entbehrte …"

Das Pappelholzbad gegen Rheuma

„… Aber wenn jemand unter Gicht leidet, oder wenn jemand einen kalten Magen hat, der nehme die Rinde dieses Baumes, wenn sie grün ist, und das äußere Holz bis zum inneren Kern (Harz), aber nicht das, was das Herz des Baumes genannt wird. Das schneide (der Kranke) in kleine Stücke und koche sie in Wasser und dann gieße er dieses Wasser mit den Hölzern in ein Faß und er bade darin. Und das tue er oft und die Gicht wird von ihm weichen …"

Das frische grüne Pappelholz schneidet man in kleine Stücke und kocht es kräftig im Wasser. Den Absud ins Badewasser geben und ca. 15 Minuten darin baden. Anfangs jeden zweiten Tag, nach Besserung des Zustandes nur noch 1–2 Bäder pro Woche.

4. April

Namenstage: Isidor, Konrad

Gedanken zum Tag: „Durch die Verwundung dein, mein Herr, der du Nägel und Lanze für meine Sünden erduldet hast, hoffe ich auf Erlösung."

Das Schröpfen

„Schröpfen ist zu jeder Zeit nützlich und gut, damit die schädlichen Säfte und Schleime, die sich im Menschen befinden, vermindert werden... Die aber viel weiches und fettes Fleisch haben, können sich in einem Monat zweimal durch Schröpfen Blut entziehen lassen..."

Das Schröpfen ist ein mögliches Entgiftungsverfahren bei Hildegard, das die schlechten und verschleimten Säfte (Lymphe) aus dem Körper zieht.

5. April

Namenstage: Juliana, Kreszentia

Gedanken zum Tag: „Am Anfang grünten alle Geschöpfe ... dann aber verdorrte die Lebenskraft."

Das Schröpfen

„... Wer sich schröpfen lassen will, muß dies nüchtern tun ... Indessen ist das Schröpfen für junge Menschen mehr geeignet als für alte Menschen ... Der Aderlaß eignet sich für alte Menschen mehr ..."

Beim Schröpfen wird in einem Glas mittels Feuer ein Vakuum erzeugt, welches die unter der Haut vorhandene Lymphe und die darin befindlichen schleimhaltigen Säfte an sich zieht. Da die Haut vom Ansetzen der Schröpfgläser künstlich geöffnet, angeritzt wird (mit einem Baunscheidtgerät), können diese Schleime und Giftstoffe so den Körper verlassen. Der Patient sollte nüchtern zum Schröpfen gehen. Bei ältern Menschen würde sich anbieten, nur 1 x im Monat zu schröpfen und auf einen regelmässigen Aderlaß (1–2 x / Jahr) zu achten.

6. April

Namenstage: Petrus Martyr, Wilhelm

Gedanken zum Tag: „Erlöst durch das Blut des Gotteslammes laßt uns von ganzem Herzen frohlocken."

Gebet – Göttliche Gebote

„Wie die Mühle mit Hilfe des Wassers
das Korn zum Genusse zermahlt,
will ich alle deine Gebote
mitten im Sturzbach des Leibes
meiner schwachen Menschennatur
erforschen und eifrig erfüllen."

7. April

Namenstage: Hermann Josef, Buchard

Gedanken zum Tag: „O Christus, so herrlich und überaus schön, du bist die Auferstehung zum Leben – laß uns doch niemals getrennt sein von dir!"

Diäthinweise für Rheuma- und Gichtkranke

„... Für solche, die Gicht haben, ist die Zwiebel gekocht besonders gut ...
Das Essen von Hirschleber nimmt die Gicht ...
Wird Dill gekocht, beseitigt er den Gichtstoff ...
... Bertram ist gut zu essen (als Gewürz), weil er die Fäulnis mindert ..."

8. April

Namenstage: Walter, Beate

Gedanken zum Tag: „Denn der Gottessohn war der Gottheit nach auf unsagbare Weise von Ewigkeit her beim Vater.“

Die Brennessel als „Frühjahrsputz“

„... wenn sie frisch aus der Erde sprießt, ist sie gekocht nützlich für die Speisen des Menschen, weil sie den Magen reinigt und den Schleim aus ihm wegnimmt ...“

9. April

Namenstage: Waltraud, Kasilda

Gedanken zum Tag: „Vom Schlafe des Todes erwacht, will ich nicht weiter sündigen in Gedanken, Worten und Werken.“

Kräftespiel – Die Schlemmerei – Die Enthaltsamkeit

Die Schlemmerei: „Gott hat alles geschaffen, sollte ich es mir daher an irgend etwas fehlen lassen?... auch Gott will ja, daß der Mensch Sorge trage für sein leibliches Wohl.“

Die Enthaltsamkeit: „... Du stopft dich so voll du Schlemmer, daß deine Adern beinahe platzen und sich in Krämpfen winden. Wie der Regenguß das Land umwühlt, so bringt auch der unmäßige Genuß von Fleisch und Wein dem Menschen nur gotteslästerliche Verblendung!“

10. April

Namenstage: Fulbert, Hulda, Engelbert

Gedanken zum Tag: „Gott schuf die Sterne zum Dienst am Menschen."

Die Sterne

„Die Sterne lassen manchmal viele Zeichen an sich sehen, je nachdem, was die Menschen gerade tun und wie sie sich dabei verhalten. Aber sie offenbaren weder die Zukunft noch die Gedanken der Menschen, sondern nur das, was der Mensch bereits als seine Absicht kundgetan hat oder in Wort und Tat kundtut, weil dies die Atmosphäre aufnimmt. Sie teilt es den Sternen mit, und sie offenbaren auf diese Weise sogleich die Werke des Menschen. Gott schuf die Sterne zum Dienst am Menschen..."

Hildegard sagt damit ganz klar, daß es keine Astrologie, also Deutung aus den Sternbildern, gibt. Hildegard von Bingens „Astronomie" ist eine ganz präzise Deutung des jeweiligen Jahresteils (Monats) und des damit übertragenen Charakterzuges, den jener Mensch erhält, der in diesem Monat geboren ist. Hildegard meint aber auch, daß alle Worte und Taten wie Wellen in die Atmosphäre gehen, um dann zu zurückzukehren, gute wie böse.

11. April

Namenstage: Stanislaus, Gemma, Rainer

Gedanken zum Tag: „Jene aber umarmten den Stumpfsinn der Unwissenheit, die Gott nicht kennen will.“

Das Brennesselöl gegen Vergeßlichkeit

„Ein Mensch, der gegen seinen Willen vergeßlich ist, soll eine Brennessel nehmen, sie zu Brei zerstampfen und ein wenig Olivenöl beigeben. Wenn er schlafen geht, soll er seine Brust und Schläfen damit einreiben und dies oft tun, und die Vergeßlichkeit in ihm wird abnehmen...“

Dieses Mittel wirkt prompt bei jenen Menschen, die noch nicht vergeßlich sein wollen. Ist der Mensch bereits abgestumpft oder senil, wirkt es nicht mehr. Es kann selbst angefertigt werden (siehe 13. April) oder in der Hildegard-Apotheke bezogen werden.

12. April

Namenstage: Zeno, Herta, Julius

Gedanken zum Tag: „Von dir bin ich ausgegangen o Gott, bin erwachsen aus dir, dir gehorchen, das gibt mir Halt."

Das Farnbad gegen Gicht, Rheuma, Arthritis oder Arthrose

„... Denn wer an Gicht leidet, der nehme Farn, wenn er grün ist, und er koch' ihn in Wasser, und in diesem Wasser bade er oft, die Gicht wird weichen."

13. April

Namenstag: Hermenegild

Gedanken zum Tag: „Maria: Deine Keuschheit ist Herrlichkeit aus Gott, heile Schöpfung."

Das Brennessel-Gedächtnisöl

Rezept: Frische, bei zunehmendem Mond gepflückte Brennessel zerstoßen, den Saft auspressen oder im elektrischen Entsafter Frischsaft gewinnen und mit etwas Olivenöl vermengen. Vor dem Schlafengehen, zuerst die Brust und dann beide Schläfen – die Reihenfolge wie angegebenen einhalten – einreiben. Diese Einreibungen über eine längere Zeit (1–2 Monate) hinweg tun.

14. April

Namenstage: Lidwina, Ernestine

Gedanken zum Tag: „Die Seele ist die Viriditas für das Fleisch, denn der Leib wächst und gedeiht durch sie.“

Der Spitzwegerich

„… und wer von Stechen geplagt wird, koche seine Blätter im Wasser, und nachdem das Wasser ausgedrückt ist, lege er diese warm auf den Ort, wo es schmerzt, und das Stechen wird weichen.“

Hier ist es gleich, ob Spitzwegerich- oder Breitwegerichblätter benutzt werden. Man kocht eine Handvoll im Wasser, drückt sie leicht aus und macht für etwa eine Stunde damit eine Kompresse. Das hat sich bei rheumatischen Schmerzen schon oft bewährt.

15. April

Namenstage: Nidger, Damian de Veuster

Gedanken zum Tag: „Dir, o mein Gott, schreibe ich meine Werke zu. Freude entspringt der Traurigkeit und die Freude macht glücklich.“

Lebensregel – Über das Essen und Trinken

„Wenn also ein Mensch ißt und trinkt, werden seine Gefäße mit dem Saft von den Speisen und Getränken ausgefüllt und erwärmt, und jener Saft wärmt in den Gefäßen das Blut und die Flüssigkeit, und das Blut, das im Fleisch ist, zieht vom Saft in den Gefäßen seine rote Farbe an.“

Da das eigene Wohlbefinden sehr von der richtigen Ernährung abhängt, sollten man immer darauf achten, daß man „das Richtige“ ißt. Hildegards Ernährungshinweise basieren auf der „Subtilität“ (Heilwert der Lebensmittel), der „Viriditas“ (Grünkraft/Lebensenergie) und auf der „Discretio“, dem Maßhalten. Als Grundlage der „richtigen“ Ernährung nach Hildegard steht an erster Stelle der Dinkel.

16. April

Namenstage: Bernadette, Benedikt Labre

Gedanken zum Tag: „Solange Körper und Seele miteinander zu leben haben, tragen sie einen gewaltigen Konflikt miteinander aus, da die Seele leidet, wo immer das Fleisch an Sünden ergötzt wird."

Das Rosenöl

„... Aber die Rose ist auch gut zu Tränken und zu Salben und zu allen Heilmitteln ... und sie sind umso besser, wenn ihnen etwas von der Rose beigefügt wird ..."

Also allen selbst hergestellten Salben etwas Rosenöl beifügen!

17. April

Namenstage: Eberhard, Rudolf, Gerwin

Gedanken zum Tag: „Mein gutes Gewissen erspürt dich, mein Gott, wenn ich in Anbetung dich erkenne."

Die Heilsalbe aus Rosen

„... Die Rose werde genommen und zur Hälfte davon Salbei unter Beigabe von frischem Fett, das zerlassen ist. Und dies soll gleichzeitig in Wasser gekocht werden, damit daraus eine Salbe werde, und wo der Mensch vom Krampf oder von der Lähmung geplagt wird, dort soll er mit der Salbe gesalbt werden, und es wird ihm besser gehen ..."

18. April

Namenstage: Ursmar, Wigbert, Herluka

Gedanken zum Tag: „Ein glückliches Leben möchte ich haben in der Ruhe der Ewigkeit."

Die Akelei

„... Und der, in dem Skrofeln zu wachsen beginnen, der esse oft rohe Akelei und die Skrofeln nehmen ab."

Skrofeln sind geschwollene Lymphdrüsen am Hals, auch Polypen gehören dazu. Der Kranke sollte nach Hildegard eine Akeleipflanze im Garten, Blumenbeet oder auf der Fensterbank haben und täglich ein frisches Blatt davon essen. Auch bei beginnender Mandelentzündung hat sich diese Anwendung bestens bewährt. Im Winter ersatzweise Akeleitinktur aus der Apotheke verwenden (1–3 Tropfen direkt in den Mund geben).

19. April

Namenstage: Werner, Gerold

Gedanken zum Tag: „Einkehren will ich in mein Herz, mich bekehren in wahrer Reue zu dir, Gott, der meine Wunden berührte."

Die Veilchensalbe

„Nimm Veilchensaft und zum drittel Teil dieses Saftes Olivenöl und gemäß der Menge des Veilchensaftes Bockstalg ... die Körperstelle, wo Krebse den Menschen anfressen, salbe damit rundherum ein und auch darüber ... Aber auch andere Geschwüre reibe mit der Salbe ein, wo der Mensch zu leiden hat. Und wenn einer am Kopf leidet, salbe ihn damit quer über die Stirn."

Die Veilchensalbe (einfachheitshalber in der Hildegard-Apotheke besorgen) ist hervorragend bei Brustkrebs, als Narbensalbe, bei starken Kopfschmerzen und Herpes.

20. April

Namenstag: Hildegund

Gedanken zum Tag: „Ziehe mich zu dir mit deiner Gnade, daß ich zum Heil mich erheben kann.“

Gebet – Klage der Seele im Leib

„Ach, ach, du faulende Asche,
warum nur bin ich jemals in dich
hineingesenkt worden von meinem Gott,
in deine Bedürfnisse derart verstrickt,
daß ich auf teuflische Einflüsterung
böse Werke mit dir vollbringe?“

21. April

Namenstage: Konrad, Anselm

Gedanken zum Tag: „Wer die Werke der Heiligkeit wirkt, umfängt dich in wahrer, vollkommener Liebe.“

Das Roggenbrot

„... Das aus ihm (dem Roggen) bereitete Brot ist für gesunde Menschen gut und macht sie stark. Und für jene ist es gut, die fettes Fleisch haben, weil es ihr Fleisch mindert, aber dennoch macht es sie stark. Aber für jene, die einen kalten Magen haben, und dadurch sehr entkräftet werden, ist er nachteilig, weil ihre Schwäche ihn nicht zur Verdauung bewältigen kann ...“

22. April

Namenstage: Radulf, Wolfhelm

Gedanken zum Tag: „Nichts ist süßer für mich, o mein Gott, als zum Schöpfer des Alls zu eilen."

Der Weizen

„... Und wenn man rechtes Mehl aus Weizen macht, dann ist das aus diesem Mehl gemachte Brot gut für Gesunde und Kranke und bereitet rechtes Fleisch und rechtes Blut im Menschen... Wer aber Weizen ungemahlen mit ganzen Körnern kocht und nicht in der Mühle gemahlen, und ihn so wie eine andere Speise ißt, der bereitet in sich weder rechtes Blut noch rechtes Fleisch, sondern viel Schleim, so daß der Weizen kaum verdaut wird..."

Als Feinmehl und überhaupt in jeder Form ist der Dinkel jedem anderen Mehl vorzuziehen.

23. April

Namenstage: Georg, Gerhard, Adalbert

Gedanken zum Tag: „Und da sie sich so von Gott entfernen, werden sie völlig untauglich…“

Kräftespiel – Die Wollust, Unzucht – Die Keuschheit

Die Wollust: „Diese Figur von einem Gottesbild, die will ich in den Schmutz ziehen, wenn es Gott auch noch so lästig ist. Auf diese Weise nämlich kann ich alle verderben. Denn ich habe schließlich meine eigene Herrlichkeit… Mag der Himmel seine eigene Gerechtigkeit haben – auch die Erde hat ihre Verpflichtungen…“

Die Keuschheit: „Auf deinem Lager, auf dem du dich rumwälzst, möchte ich nicht liegen – wo du gleichsam die Schändung herausforderst. Ich sitze im hellen Licht der Sonne und schaue nur auf den König der Könige, da ich meine guten Werke aus freien Stücken wirke. Im Wohlklang des frohen Lebens besitze ich die Freuden der Redlichkeit und Schamhaftigkeit und es wird weder durch die Schmähungen der Unzucht gestört, noch durch die Unkeuschheit besudelt…“

24. April

Namenstage: Fidelis, Wilfried

Gedanken zum Tag: „O Gott, mein Gott, der mich schuf, all meine Werke, sie sind dein."

Die Edelsteine – Der Saphir

„... Aber auch ein Mensch, der ganz von Gicht geplagt ist, so daß er im Kopf und in seinem übrigen Körper wegen allzu großer Bedrückung keine Geduld haben kann, der lege diesen Stein in seinen Mund, und die Gicht in ihm wird weichen... Und wer im Zorn stark bewegt wird, der lege sogleich den Saphir in seinen Mund, und so wird der Zorn gelöscht und weicht von dem Kranken..."

Der Saphir hilft bei Gicht, Rheuma oder Ungeduld, wenn man ihn in den Mund nimmt. Immer einen Stein ohne Fassung oder Metall verwenden!

25. April

Namenstage: Markus, Erwin, Franka

Gedanken zum Tag: „Aus dem Schoß dein, o Maria, du Morgenröte, ging die neue Sonne hervor, welche die Sünden Evas tilgte."

Die Hirse

„... die Hirse ist nicht brauchbar zum Essen, weil sie weder das Blut noch das Fleisch im Menschen mehrt, noch ihm Kräfte verleiht, sondern sie füllt nur den Bauch und mindert nur den Hunger, weil sie den Geschmack des Erquickens nicht hat ..."

Die Hirse ist nach Hildegard also nicht geeignet zur Ernährung des Menschen, sondern nur zur Sättigung.

26. April

Namenstage: Klaus, Ratbert, Trudpert

Gedanken zum Tag: „Ruhig sammele ich im Schoß Rosen und Lilien und alles Grün, während ich deine Werke, o mein Gott, preise."

Die Rose – Die Lilie – Der Salbei

„... und wer jähzornig ist, der nehme die Rose und weniger Salbei und zerreibe es zu Pulver. Und in jener Stunde, wenn der Zorn ihm aufsteigt, halte er es an seine Nase. Denn der Salbei tröstet, die Rose erfreut... Auch der Duft der Lilie erfreut das Herz des Menschen und bereitet ihm richtige Gedanken..."

Mischen Sie Ihr eigenes Duftöl aus Rosenöl, Lilienöl und Salbeiöl und erfreuen Sie damit Herz und Seele.

27. April

Namenstage: Petrus Kanisius, Salman, Floribert, Tutilo, Zita

Gedanken zum Tag: „Du wohnst in der Kraft meiner Seele, der Leib aber muß büßen für meine Sünden."

Die Tiere

Der Hund

„Der Hund ist sehr warm und er hat für sich etwas Gemeinsames und Natürliches im Gebaren des Menschen und daher spürt und versteht er den Menschen und liebt ihn und verweilt gerne bei ihm.... Und der Hund merkt den Haß und den Zorn und die Unredlichkeit im Menschen, und er knurrt dann oft gegen ihn.... Wenn aber ein Dieb im Hause ist oder ein Mensch, der den Willen zum Stehlen hat, dann knurrt er gegen ihn und ergrimmt und hat ein anderes Verhalten gegen ihn als gegen einen anderen Menschen, und er geht ihm nach und prüft mit der Nase dessen Geruch... und auf diese Weise kann der Dieb erkannt werden..."

Da Hildegard in ihren Visionen die gesamte Schöpfung schauen durfte, finden wir in ihrer „Physica" auch sehr viele Tiere beschrieben.

28. April

Namenstage: Pierre Chanel, Theodulf, Detlev

Gedanken zum Tag: „In Ewigkeit trage ich deinen Namen im Herzen."

Die Gewürze – Das Salz

„Das Salz ist sehr warm, etwas feucht und zu vielerlei nützlich. Wenn der Mensch Speisen ohne Salz ißt, so wird er innerlich schlapp (lau). Ißt er sie aber mäßig mit Salz temperiert, stärkt und heilt es ihn. Zu stark gesalzene Speisen machen ihn innen trocken und schädigen ihn, denn zuviel Salz trocknet die Lunge aus, weil diese nach Feuchtigkeit verlangt. Auch greift das Salz dann auf die Leber über und verletzt sie etwas, obwohl die Leber stark ist und mit dem Salz fertig werden kann. Darum soll der Mensch jede Speise so salzen, daß das Salz nicht vor der Speise herausschmeckt."

Beim Salzen ist wieder „Maßhalten" angesagt. Hildegard zeigt uns, daß der mäßige Salzgenuß wichtig für den Körper ist.

29. April

Namenstage: Katharina von Siena, Roswitha

Gedanken zum Tag: „Armselig sind meine Verdienste, o Gott, handle an mir nach deiner Güte."

Die Harmonie zwischen Leib und Seele

„Solange Körper und Seele miteinander zu leben haben, tragen sie einen gewaltigen Konflikt miteinander aus, da die Seele leidet, wo immer das Fleisch an Sünden ergötzt wird… Die Seele liebt ihren Leib und hält ihn für ein schönes Gewand und eine erfreuliche Zier… Der Mensch wandte sich „gegen Norden", die Gegend der Gottesferne… seitdem ist das Verhältnis Seele-Leib belastet, und es fällt oft schwer, die beiden in Übereinstimmung zu bringen…"

An diesen Texten kann man erkennen, wie wichtig es für Hildegard ist, die eigenen Schattenseiten (Kummer, Sorgen, Leiden) näher zu betrachten und eine gute Einstellung dazu zu gewinnen, um Körper und Seele in Einklang und Harmonie zu bringen, wozu nach ihrer Ansicht auch das Verhältnis des Menschen zu Gott gehört.

30. April

Namenstage: Pius V., Quirin, Pauline von Mallinckrodt

Gedanken zum Tag: „Des Menschen Seele steigt durch die guten Werke freudig zum Himmel auf, durch böse Taten aber voller Trauer in die Tiefe."

Die Edelsteine

„... Und so entstehen die Edelsteine vom Feuer und vom Wasser, daher haben sie auch Feuer und Feuchtigkeit in sich, und sie enthalten auch viele Kräfte und viele Wirkungen der Kunstwerke, so daß vielerlei Arbeiten mit ihnen gemacht werden können, und zwar solche Werke, die gut und ehrbar und dem Menschen nützlich sind... Die übrigen Steine, die in verschiedenen Erden und verschiedenen Gegenden entstanden sind, und die sich verschiedene Naturen und verschiedene Farben aus den Erden, in denen sie entstanden sind, zuziehen, diese taugen nicht viel als Heilmittel..."

Edelsteine, die bei Hildegard also nicht als Heilmittel aufgeführt sind, haben aber eine allgemeine positive Ausstrahlung und können als Schmucksteine gesammelt werden.

Mai

Der fünfte Monat

„Das harte Ringen der Natur geht in diesem Jahresteil
über zu einer lieblichen, leichten Zeit.
Der Mai trägt die herrlichsten Düfte der Blüten und
macht so die Herzen der Menschen froh.
Man kann hier schon deutlich die ersten sprießenden
Früchte erkennen, die vor allem den stark
ausgeprägten Geschmackssinn des Menschen erfassen.
Der Mensch, der in diesem Monat geboren wurde,
hat von Natur aus viel Freude mitbekommen,
ihm fehlt die Kälte und der Starrsinn.
Mit aller Schärfe seiner Vernunft, unterscheidet er von
Grund auf alles ihm Sichtbare.
Nur so kann er seiner Natur entsprechend sorglos,
glücklich leben.“

1. Mai

Fest des heiligen Josef des Arbeiters

Namenstag: Sigismund

Gedanken zum Tag: „Der Mensch ist himmlisch und irdisch…"

Die wahre Liebe

„…Der Mensch ist himmlisch und irdisch. Himmlisch ist er durch das Wissen um das Gute in seiner vernunftbegabten Seele, und durch die Erkenntnis des Bösen… Die Liebe, die mit der Enthaltung von Sünden den Glauben begründet und die Reinheit in der Kraft der Geduld auferbaut, gleicht einer Säule, die die vier Wände eines Hauses trägt… Der Heilige Geist entzündet dich mit dem Feuer seiner Liebe, damit du ihm unermüdlich in Liebe und Treue dienst, bis du einst würdig wirst, ein lebendiger Stein des himmlischen Jerusalem zu sein… Und so ordnete er in uns die Liebe. Die Liebe ist nämlich ein unauslöschliches Feuer, aus dem die Funken des wahren Glaubens sprühen…"

2. Mai

Namenstage: Athanasius, Wiborada, Boris

Gedanken zum Tag: „O, geliebter Sohn Gottes, Gott hebe die Flügel deiner Erkenntnis zu den rechten Wegen empor."

Der Wermutwein – Die Frühjahrskur

„Der Wermut ist sehr warm und sehr kräftig und ist der wichtigste Meister gegen alle Erschöpfungen... Und wenn der Wermut frisch ist, zerstoß ihn, und drücke seinen Saft durch ein Tuch, und dann koch Wein mit Honig ein wenig, und gieß diesen Saft in den Wein, so daß derselbe Saft den Wein und den Honig an Geschmack übertrifft, und trink diesen nüchtern vom Mai bis zum Oktober jeden dritten Tag, und es unterdrückt die 'lanchsucht' und die Melancholie in dir, und es macht deine Augen klar, und es stärkt das Herz, und es läßt nicht zu, daß die Lunge krank wird, und es wärmt den Magen und reinigt die Eingeweide, und es bereitet eine gute Verdauung."

Dieses wichtiges Universalheilmittel, können wir selbst herstellen (siehe 5. Mai) oder in der Hildegard-Apotheke beziehen.

3. Mai

Namenstage: Philippus und Jakobus, Alexander, Viola

Gedanken zum Tag: „Die Asche des Leibes zerfällt in den Staub der Erde, aus der ich geschaffen."

Die Edelsteine – Der Hyazinth

„... Dieser Stein vermag viel gegen Trugbilder... Wer aber schon in Sinnlichkeit brennt, der blicke einen Hyazinth eindringlich an."

Die Edelsteinmedizin wirkt gerade bei den sogenannten „schweren oder unheilbaren" Krankheiten oft unterstützend und mit einem verblüffenden Ergebnis.

4. Mai

Namenstage: Florian, Guido

Gedanken zum Tag: „Die Liebe ist nämlich ein unauslöschliches Feuer."

Die Mutterkraut-Salbe

„Ein Mensch aber, der an stechenden Schmerzen leidet, der vermische Mutterkrautsaft mit Kuhbutter und er salbe sich, wo es schmerzt, und er wird geheilt werden."

Die Mutterkrautsalbe (aus der Hildegard-Apotheke) hat sich bewährt bei Darmkoliken, prämenstrualen Schmerzen, Adnexschmerzen und Krämpfen.

5. Mai

Namenstage: Godehard, Sigrid, Jutta

Gedanken zum Tag: „Der Glaube lehr' mich das rechte Bitten: Nur was dir wohlgefällt, gib mir, und Unvergängliches.“

Der Wermutwein

Rezept: 3 l naturreinen Wein mit ca. 240–400 g naturreinen Honig aufkochen und ca. 150 ml frischgepreßten (bei zunehmendem Mond, kurz vor Vollmond im April oder Mai ernten und pressen!) Wermutsaft dazugeben. Noch warm in saubere (sterile) Flaschen füllen und sofort verschließen. Kühl aufbewahren. Getrunken wird von Mai bis Oktober jeden dritten Tag nüchtern ein Likörglas voll. Dies stärkt alle inneren Organe, hilft gegen Erschöpfungszustände, unterstützt Herz- und Kreislauf, ist anzuwenden bei Verdauungsschwächen jeder Art genauso wie bei allen Nierenschwächen und Depressionen. Außerdem stärkt der Wermutwein die Lunge, wärmt den Magen und ist gleichzeitig als Reinigungsmittel für unseren Körper anzusehen. Auch die Augen profitieren von ihm.

6. Mai

Namenstage: Edmar, Antonia

Gedanken zum Tag: „Daß aber die erste Frau aus dem Manne gebildet wurde, bezeichnet die eheliche Verbindung zwischen Mann und Frau …“

Die Edelsteine – Der Amethyst

„… Ein Mensch aber, der Flecken in seinem Gesicht hat, der mache den Amethyst mit seinem Speichel feucht, und mit dem so befeuchteten Stein bestreiche er die Flecken … Und er wärme auch Wasser am Feuer, und er halte den Stein über das Wasser … und lege ihn auch in das Wasser … mit diesem Wasser wasche er oft sein Gesicht und er wird eine zarte Haut und schöne Farbe im Gesicht haben …“

Bei Pigmentflecken im Gesicht, Altersflecken und Hautunreinheiten einen Amethysttrommelstein mit Speichel befeuchten und über die Stelle reiben. Wäscht man sich oft mit dem Kondenswasser des Amethyst (Stein über kochendes Wasser halten) erhält man eine schöne Haut.

7. Mai

Namenstage: Notker, Helga, Gisela

Gedanken zum Tag: „... danach kommt, wie Gott es will und wie er es anordnete, der Hauch des Lebens und berührt dieses Gebilde ..."

Die Empfängnis eines Menschen

„... danach kommt der Hauch des Lebens und berührt dieses Gebilde, ohne daß es die Mutter weiß, wie ein heftiger warmer Wind und strömt hinein ... Aber noch ist in dieser Gestalt eine so große Schwäche, daß sie sich nicht bewegen kann, sondern nur daliegt, schläft und nur wenig atmet ... Nun bewegt sich das Kind, und die Mutter fühlt es und von da an bleibt es immer in Bewegung."

8. Mai

Namenstage: Evodia, Ulrika

Gedanken zum Tag: „In der Liebe erkennt der Mensch das Walten der Gottheit."

Die Lust des Menschen

„... Die weibliche Lust kann man mit der Sonne vergleichen ... Würde die Frau immer in der Hitze ihrer Lust verbleiben, wäre sie nicht fähig zur Empfängnis und zur Zeugung ... Wenn die Lust im Weibe aufsteigt, ist sie bei ihr geringer als beim Mann ... Wenn beim Mann der Sturm der Leidenschaft ausbricht, wirbelt er in ihm wie ein Mühlenrad herum ..."

9. Mai

Namenstage: Beatus, Volkmar

Gedanken zum Tag: „O Reis, deine Blüte hat Gott geschaut schon am ersten Schöpfungstage …"

Die Edelsteine – Der Amethyst

„… Und wenn eine Spinne den Menschen an seinem Körper gestochen hat, so streiche er dort mit dem Stein über den Stich und er wird geheilt werden …"

Der mit Speichel befeuchtete Amethysttrommelstein hat sich bestens bewährt bei jeder Art von Insektenstich, wo Gift in den Körper gelangt. Man heftet hierzu den befeuchteten Stein am besten mit einem Pflaster über die betroffene Stelle.

10. Mai

Namenstage: Gordian, Epimachus

Gedanken zum Tag: „Gott ist jene Liebe, die weder Anfang noch Ende hat ..."

Das Feuer der Seele – Das Temperament des Menschen

„Die Seele des Menschen ist feuriger Natur. Sie zieht die vier Elemente an und befähigt dadurch den Menschen, sehend, hörend und auf ähnliche Weise aktiv herumzugehen. Die Seele ist eine gewisse Kraft im Menschen wie das Feuer im Wasser. Der Mensch könnte nicht ohne Seele leben, wie auch das Wasser nicht ohne das Feuer fließen könnte, wenn es das Feuer nicht in sich spüren würde."

Je nachdem, welches Element besonders im Menschen vorherrscht, so ist es nach Hildegard mit seinem Temperament bestellt. Ist es die Luft, haben wir nach Hildegard eher einen „luftigen Menschen", einen „Luftikus", ist es hingegen die Erde, ist dieser Mensch eher „schwerfällig", bodenständiger. Das Wasser läßt eher auf einen „kaltblütigen" und das Feuer auf einen „heißblütigen" Menschen schließen.

11. Mai

Namenstage: Hugo, Odo, Odilo

Gedanken zum Tag: „Ein Mensch nämlich, der höher zu steigen versucht als er kann, besitzt keine Sicherheit, auch wenn er im Ruf der Heiligkeit steht.“

Die Hildegard-Heilkräuter im eigenen Garten

Kräuter kann man im Garten, auf dem Balkon oder sogar im Topf auf der Fensterbank ziehen. Die meisten Kräuter gedeihen am besten in humusreichen, lockeren Böden an sonnigen Standorten. Gesät, gepflanzt und geerntet werden Heilkräuter bei zunehmendem Mond.

- Frühbeetaussaat ab März/April: Basilikum, Bohnenkraut, Lavendel, Liebstöckel, Majoran, Melisse, Salbei, Schnittlauch, Thymian, Ysop.
- Freilandaussaat ab März: Dill, Kerbel, Petersilie, Pimpinelle.
- Freilandaussaat ab April: Mohn, Schnittlauch, Ysop.
- Freilandaussaat ab Mitte Mai: Bohnenkraut, Portulak.
- Pflanzzeit ab April: Estragon (Staudenteilung), Liebstöckel, Pfefferminze, Weinraute, Salbei (Stockteilung).
- Pflanzzeit ab Mitte Mai: Basilikum; Eberraute – Vermehrung vegetativ durch Stecklinge den ganzen Sommer hindurch oder Staudenteilung, Lavendel, Majoran, Melisse, Poleiminze, Quendel, Rosmarin, Thymian.

12. Mai

Namenstage: Nereus und Achilleus, Pankratius

Gedanken zum Tag: „Die Schöpfung darf zu ihrem Schöpfer wie zu einem Geliebten reden …“

Die Edelsteine – Der Sardonyx

„… Und er hat wirksame Kräfte in seiner Natur, und verleiht den fünf Sinnen des Menschen einige Kraft, und er ist für sie ein gewisses Heilmittel … Denn wenn der Mensch ihn bei sich auf seine nackte Haut legt und ihn auch oft in seinen Mund nimmt, so daß sein Atem ihn berührt, ihn dann wieder herausnimmt und ihn dann wieder in sich nimmt, dann werden davon der Verstand, das Wissen und alle Sinne seines Körpers gestärkt, und so werden von diesem Menschen der große Zorn und die Dummheit und die Liederlichkeit weggenommen …“

Dieser Stein stärkt unter anderem unsere fünf Sinnesorgane und ist eine wichtige Hilfe bei Konzentrationsschwäche. Zur Kräftigung der Sinnesorgane trägt man am besten einen Anhänger, den man öfters in den Mund stecken sollte.

13. Mai

Namenstage: Servatius, Ellinger

Gedanken zum Tag: „Selig aber ist jener, der daran festhält, daß er aus Gott lebt."

Die Schwertliliensalbe

„Die Schwertlilie ist warm und trocken und ihre ganze Kraft liegt in der Wurzel, und ihre Grünkraft steigt in die Blätter auf. Im Mai aber nimm den Saft ihrer Blätter und mache Fett in einer Schüssel flüssig und füge diesen Saft bei und bereite so eine Salbe, so daß diese grün erscheint. Und jenen, der die kleine Krätze hat, den salbe oft mit dieser Salbe und er wird geheilt werden."

Diese Salbe ist eine hervorragende Hilfe bei kleineren Hautproblemen. Sie hat sich vor allem bei Kindern mit Ausschlägen, Rötungen etc. bewährt. Da diese Salbe speziell im Mai hergestellt werden soll, verwenden wir als Fett am besten die Mai-Butter von Kühen. Diese Butter kann schnell ranzig werden, daher sollte man die Salbe in kleine Portionen aufteilen, einen Teil im Kühlschrank aufbewahren und den Rest einfrieren.
Rezept: Butter weich werden lassen und den Saft von ausgedrückten Schwertlilienblättern dazugeben, bis die Salbe richtig tiefgrün verfärbt ist.

14. Mai

Namenstage: Christian, Pachomius, Iso

Gedanken zum Tag: „Diejenigen aber, die im Aufstieg der Seele die Weisheit aus Gott schöpften und sich für ein Nichts erachteten, wurden Säulen des Himmels."

Der Mond und das Sammeln von Kräutern

„Wenn edle, gute Kräuter bei zunehmendem Mond vom Erdboden abgeschnitten oder mit den Wurzeln aus der Erde gezogen werden, wenn sie in vollem Saft stehen, eignen sie sich besser zur Zubereitung von Latwergen, Salben und jeder Medizin, als wenn man sie bei abnehmendem Mond sammelt."

Also Kräuter zur Herstellung von Heilmitteln immer bei zunehmendem Mond ernten!

15. Mai

Namenstage: Rupert, Sophia, Isidor

Gedanken zum Tag: „Ich strecke Gott meine Hände entgegen, um wie eine Feder, die ohne alle Schwerkraft im Winde treibt, von ihm getragen zu werden.“

Der Hauswurz gegen männliche Unfruchtbarbarkeit

„... Und wenn ein Mann in seinem Samen trocken wäre, so daß ihm, ohne daß er ein Greis wäre, der Samen fehlt, soll er so lange Hauswurz in Ziegenmilch einlegen bis der Hauswurz ganz von jener Milch durchtränkt ist, und dann soll er sie in dieser Milch kochen unter Beigabe einiger Eier, so daß es eine Speise sein kann. Und so soll er es während drei oder fünf Tage essen, und sein Samen wird die Zeugungskraft wieder erlangen, und er wird Kinder bekommen ...“

Diese Zubereitung hilft nur bei männlicher Unfruchtbarkeit, nicht aber bei Unfruchtbarkeit der Frau.

16. Mai

Namenstage: Johann Nepomuk, Adelphus, Ubald

Gedanken zum Tag: „Der Duft der Lilienblüten erfreut das Herz und führt zu rechten Gedanken ..."

Die Schwertlilie als Schönheitsmittel

„Und wer im Gesicht harte Haut hat wie Rinde, oder wer dort beulig ist, oder wer eine schlechte Farbe hat, der drücke den Saft ihrer Blätter aus und gieße ihn in ein Gefäß zum Wasser aus großen Flüssen ... und er erwärme dies gleichzeitig ein wenig. Und so wasche er sein Gesicht mit diesem Wasser und diesem mäßig erwärmten Saft, und dies tue er oft, und es macht eine angenehme Haut und eine gute und schöne Farbe im Gesicht."

Hier haben wir das ideale Schönheitswasser. Man gibt den Saft von Schwertlilienblättern in destilliertes Wasser und erwärmt dieses etwas. Mit diesem erwärmten Schwertlilienwasser wäscht man das Gesicht und eventuell den Körper. Fahle, welke und faltige Haut sieht gleich strahlender aus.

17. Mai

Namenstage: Walter, Paschalis

Gedanken zum Tag: „Wenn du in Gedanken an die Sünde rührst, weil du von Natur aus so geschaffen bist, daß du nicht ohne Sünde sein kannst, so stimme nicht zu sie zu begehen. Denn aus einem Menschen, der so handelt, erklingt eine himmlische Harmonie zum Lobe Gottes, weil der äscherne Mensch Gott so sehr liebt, daß er um Gottes willen sich selbst ganz gering achtet, sich nicht schont und sich vom Sündigen zurückhält."

Das Johanniskraut

„Das Johanniskraut ist kalt und taugt für das Vieh auf der Weide. Für die Medizin jedoch taugt es nicht viel, weil es ein verwildertes und vernachlässigtes Kräutlein ist."

Das vielgepriesene Johanniskraut ist bei Hildegard nicht zu Heilzwecken und zur Heilmittelherstellung zu gebrauchten. Es ist ein Kraut, das lediglich für die Tiere auf der Weide – Kühe, Schafe, Ziegen – nützlich ist.

18. Mai

Namenstage: Erich, Felix

Gedanken zum Tag: „Die Gnade Gottes schenkt denen das Licht der Seele, die sie bei der Ermahnung erkennen."

Die Edelsteine – Der Amethyst

„… Aber auch die Schlange und die Viper, das ist die Natter, fliehen den Stein, und sie meiden die Stelle, von der sie wissen, daß er sich dort befindet."

Hildegard meint mit „der Schlange" einerseits das Tier. Bauern aus den trockenen Gegenden Frankreichs bestätigen, daß sie ihre Rinderherden vor Schlangen schützen, in dem sie an den Rindern Nasenringe mit einem Amethyststein anbringen. Andererseits denkt Hildegard mit „der Schlange" an den feindlich gesinnten Menschen, vor dem man sich mit einem Amethyst, getragen als Kette, Ring, Brosche etc. , schützen kann.

19. Mai

Namenstage: Alkuin, Ivo

Gedanken zum Tag: „Die mich aber verächtlich abweisen sind tot und ich kenne sie nicht.“

Die Ursache für die Monatsblutung

„Wie ein starker Wind auf einem Fluß einen Sturm auslöst, so wird auch in allen Säften der Frau eine stürmische Bewegung ausgelöst, so daß diese Säfte sich mit dem Blut mischen, dabei ziemlich blutig werden und so mit dem Blut gereinigt werden … Vom fünfzigsten oder manchmal auch sechzigsten Lebensjahr an bekommt die Frau im Bereich ihrer Leibesöffnungen Komplikationen und trocknet dort aus …“

Man sieht an dieser Aussage Hildegards, wie wichtig es ist, das eine Frau recht lange die Monatsregel hat.

20. Mai

Namenstage: Bernhardin von Siena, Elfriede,

Gedanken zum Tag: „Der gute Mensch sei also nicht verhärtet und nicht übelwollend gegenüber der göttlichen Gerechtigkeit, sondern sanft und lenksam für alles Gute."

Der Lindenspanring

„Aber nimm vom Stamm, nicht aber von den Zweigen dieses Baumes die Rinde weg bis zum weißen Holz, wenn er im Sommer grünt, und dann schneide vom Holz Späne, und lege das in einen durchbohrten, goldenen Ring.... Und trag jenen Ring immer an deinem Finger, so daß die Wärme deines Fingers zu jenem Span aufsteige und die Kraft jenes Spans deinen Finger und dessen Adern berühre, und dies (ist) eine sehr starke Kraft gegen die gefährlichsten Krankheiten des Menschen und hält sie vom Menschen fern... "

Mit diesem Ring – den wir uns am besten in der Hildegardapotheke besorgen – gibt uns hier Hildegard ein außergewöhnliches Heilmittel zur Hand gegen die schwersten und gefährlichsten Krankheiten und Seuchen.

21. Mai

Namenstage: Ehrenfrid, Wiltrud

Gedanken zum Tag: „O funkelnde Gemme,
der Sonne lautere Zier, die sich aus dem Herzen des Vaters
in dich als sprudelnder Quell des Lebens ergoß…"

Die Mutterkraut-Sauna bei verhaltener Monatsblutung

„…sie soll damit solange fortfahren, wie sie im Bade sitzt, damit durch die Säfte jener Kräuter ihre Haut und ihr Fleisch von außen und ihre Gebärmutter innerlich erweicht werden und die Gefäße der Gebärmutter, die verschlossen sind, geöffnet werden…"

Diese – vielleicht umständehalber nicht für jeden durchführbare – Anwendung wird empfohlen bei verhaltener Monatsblutung, Ausbleiben oder Fehlen der Menstruationsblutung und schmerzhafter Regelblutung.
Rezept: Die gleiche Menge Mutterkraut und Rainfarn (je ca. 70 g) sowie etwas mehr Königskerzenkraut (ca. 90 g) im klaren Wasser ca. 5 Minuten kochen, abseihen, die Kräuter und das Kochwasser mit in die Sauna nehmen. Die warmen Kräuter in der vorbereiteten (aufgeheizten) Sauna auf einen Hocker geben, auf den sich die Frau setzt und dabei die warmen Kräuter bis zum Nabel hinauf auflegen. Sobald die Kräuter erkaltet sind, gibt man sie wieder ins heiße Kochwasser, erwärmt sie so und beginnt den Vorgang von neuem. 3–5mal wiederholen. Bei verhaltener Monatsregel sollte dies täglich einmal solange durchgeführt werden, bis sich die Regelblutung wieder einstellt, aber mindestens über 5–15 Tage. Unbedingt genauestens an die Anleitung halten!

22. Mai

Namenstage: Julia, Rita, Renate, Romuanus

Gedanken zum Tag: „Die Erkenntnis des Bösen dient dem Wissen um das Gute…“

Der Weinessig

„Der Essig kommt vom Wein und ist nützlich für alle Speisen, daß er den Speisen so zugegeben wird, daß er ihnen den Geschmack nicht wegnimmt, sondern ein wenig wahrgenommen wird. So reinigt der Essig, mit der Speise genommen, den Unrat im Menschen und mindert die Säfte und die Speise nimmt den rechten Weg in ihm.“

23. Mai

Namenstage: Desiderius, Wibert

Gedanken zum Tag: „Auch das aus dem Ei schlüpfende Vögelein, das noch keine Flügel hat, beeilt sich nicht zu fliegen, erst wenn ihm Flügel gewachsen sind, fliegt es, da es sieht: Das Fliegen ist ihm angemessen.“

Die Hildegard-Heilkunde

„…Die nachfolgend angegebenen Arzneien für die bisher besprochenen Krankheiten sind von Gott gewiesen und werden den Menschen entweder gesund machen oder Gott will nicht, daß er von seiner Krankheit befreit werde…“

24. Mai

Namenstage: Esther, Dagmar

Gedanken zum Tag: „Wie groß auch immer das Wissen im Menschen ist, kein Mensch könnte die Werke Gottes zählen.“

Der Honig

„… ein Mensch, der dick ist und der oft Honig ißt, bekommt Schleim und Auszehrung davon. Aber wenn ein dürrer und magerer Mensch gekochten Honig ißt, wird er nicht sehr davon geschädigt. Der gekochte Honig, wenn er sehr gut abgeschäumt ist, schadet dem Fetten und Mageren, dem Gesunden und Kranken nicht viel. Aber wenn jemand die Honigwabe mit dem Wachs ißt, erregt das die Melancholie in ihm …“

Honig ist bei Hildegard ein wichtiges Mittel zur Herstellung von verschiedenen Heilmitteln. Keinesfalls aber sollte er als Zuckerersatz genommen werden, da er nach Hildegard die Gesundheit nicht fördert und eher sogar schaden kann. Zum Süßen lieber Roh-Rohrzucker (Succanat) verwenden.

25. Mai

Namenstage: Beda, Urban

Gedanken zum Tag: „Darum ist alles Gehorchen der Kreatur nur ein Verlangen nach dem Kuß des Schöpfers.“

Das Wacholderdampfbad

„Aber nimm auch seine grünen Zweiglein und koche sie in Wasser, und mach mit diesem Wasser ein Dampfbad.“

Man macht aus einigen Wacholderzweigen einen Absud, indem man sie ca. 10–20 Minuten in Wasser kocht und dieses dann abseiht. Daraus kann man einen Saunaaufguß machen. Dieses Mittel wirkt gegen Fieber, vor allem bei allergischen Hautausschlägen und ihren Nebenwirkungen.

26. Mai

Namenstage: Philipp Neri, Regintrud, Alwin

Gedanken zum Tag: „Gott ist so geheimnisvoll, daß er durch keine Kenntnis oder Sinnesempfindung von den Menschen hartnäckig geprüft werden kann.“

Die Morgenröte

„Daß die Sonne am Morgen, wenn sie aufgeht, rot ist, kommt von der Kälte und Feuchtigkeit der Atmosphäre.... Ähnlich ist es spät am Tag, wenn die Sonne gegen Abend rot ist. Dies kommt von der Kälte in der Atmosphäre, weil dann die Sonne im Ozean versinkt.“

27. Mai

Namenstage: Augustin, Bruno

Gedanken zum Tag: „Werft aus dem Bewußtsein eures Herzens das Ausforschen jener geheimer Dinge, die bei der obersten Weisheit unnütz sind."

Das Niesen

„Wenn das Blut des Menschen in seinen Adern nicht munter und rasch ist, sondern daliegt, als ob es schliefe, und wenn auch die Säfte in ihm nicht rasch, sondern nur träg fließen, bemerkt dies natürlich die Seele und erschüttert durch das Niesen den ganzen Körper und läßt das Blut und die Säfte des Menschen wieder aufwachen und in ihre richtige Verfassung zurückkehren. Würde nämlich das Wasser nicht durch Stürme und Überschwemmungen in Bewegung gehalten werden, würde es faulig werden; und so würde auch der Mensch innerlich verfaulen, wenn er nicht niesen würde oder seine Nase nicht durch Schneuzen reinigen würde."

Hildegard will damit die Bedeutung des Niesens näherbringen: durch das Niesen werden die träge fließenden Säfte (z. B. bei geschwollenen Nebenhöhlen beim Schnupfen) wieder „aufgewacht".

28. Mai

Namenstage: Germanus, Wilhelm

Gedanken zum Tag: „Die Liebe ist mitten im Wesen des Menschen und im Wirken Gottes. Liebe ist immer in der Mitte und sie breitet sich aus wie eine Flamme.“

Das unvernünftige Fasten

„Wenn manche Menschen auf übertriebene Weise beim Essen enthaltsam sind, so daß sie ihrem Körper die richtige, angemessene Stärkung durch das Essen nicht gewähren, und wenn dann auch noch die einen inkonsequent und leichtfertig und die anderen mit vielen schweren Krankheitserscheinungen zu tun haben, dann kommt es manchmal vor, daß in ihrem Körper sozusagen heftige Unruhen entstehen, weil die Elemente in ihnen gegeneinander aufgebracht werden …“

Wer vernünftiges Fasten durchführen will, sollte dies unter fachlicher Anleitung, am besten in einer Gruppe Gleichgesinnter tun. Jemand, der durch Krankheit geschwächt ist, probiere es (nach Absprache mit seinem Arzt) mit einer Dinkel-Reduktions-Fastenkur. An 3 Tagen in der Woche wird nur gekochter Dinkel in jeder Form – Grieß, Flocken, Schrot, Kernotto etc. – zu sich genommen, eventuell zusammen mit gekochtem Gemüse oder Obst. Zwischen diesen Dinkel-Tagen wird immer ein Normalkosttag eingelegt.

29. Mai

Namenstage: Maximin, Irmtrud

Gedanken zum Tag: „Darum entspringt auch das vollkommene und gesegnete Werk im guten Willen des Menschen."

Warum der Mensch nicht schwimmt

„Weil der Körper des Menschen schwer ist und weil er mit den Händen arbeitet, mit den Füßen geht, eine aufrechte Körperhaltung hat und auch nicht viel vom Wesen der Luft und des Wassers hat, kann er von Natur aus nicht im Wasser schwimmen, es sei denn, daß er dies einmal von selber lernt. Die Tiere aber haben die Kraft in den Beinen, gehen nach vorn geneigt und werden wie vom Wind an den Beinen bewegt. Daher können einige von ihnen von Natur aus schwimmen, weil sie so, wie sie an Land nach vorn geneigt gehen, auch im Wasser nach vorn geneigt schwimmen. Das tut der Mensch nicht, weil er völlig aufrecht geht und sich beim Schwimmen nach vorn beugt und sich ausstreckt."

Hier können wir nachlesen, daß der Mensch eben nicht von Natur aus schwimmen kann. Dies wird heute häufig falsch dargestellt, wenn es um das „Babyschwimmen" geht. Man sollte es nicht damit verwechseln, daß das Kleinkind sich zwar in warmen Wasser (Badewasser) wohl fühlt, jedoch nur mit der haltenden, sicheren Hand des Vaters oder der Mutter.

30. Mai

Namenstage: Reinhilde, Ferdinand

Gedanken zum Tag: „Der geschaffene Mensch ist wie ein Ruf – ein Schrei – eine Stimme. O wie erbärmlich und zugleich wunderbar ist diese Stimme, weil Gott solche gebrechlichen Gefässe mit all seinen Wundern unter die Sterne versetzt."

Die Edelsteine – Der Amethyst

„... Aber wenn ein Mensch durch eine frische Geschwulst irgendwo in seinem Körper anschwillt, dann mache er jenen Stein mit seinem Speichel feucht... und berühre so die Stelle der Geschwulst überall und jenes Geschwulst wird sich verkleinern und verschwinden..."

Hier haben wir ein ausgesprochen wichtiges Mittel bei Krebserkrankungen. Schon vielen hat dieser Stein unterstützend und prompt geholfen. Eine Geschwulst kann auch eine Warze etc. sein.
Anwendung: Man befeuchtet den Amethyst mit seinem Speichel, streiche ihn über die entsprechende Stelle und klebe ihn für einige Stunden mit einem Pflaster über der Geschwulst fest. Diesen Vorgang mindestens einmal, besser zwei- bis dreimal wiederholen.

31. Mai

Namenstage: Petronilla, Helmtrud

Gedanken zum Tag: „Wer die Liebe richtig erfaßt, der wird weder in der Höhe noch in der Tiefe daneben greifen, denn die Liebe ist die Mitte, sie versteift sich nicht, sie zerstreut und zerfließt nicht, weil sie in der Asche von allem Sein bleibt. In der Liebe schließt sich der Lauf der Welt."

Die Gesichtsfarbe eines kranken Menschen

„Wenn ein Mensch krank im Bett liegt und rot im Gesicht ist, hat er infolge kranker Eingeweide ein krankes, giftiges Blut. Und deshalb ist er im Gesicht rot.... Ein solcher Mensch ist nicht traurig, sondern ziemlich fröhlich, und er ist in seiner Krankheit erträglich. Wer während seiner Krankheit blaß und mager ist, bei dem verbindet sich die Schwarzgalle mit einer Lähmung, so daß er davon kalt wird. Wegen dieser Kälte ist er im Gesicht blaß und sein Fleisch gedeiht nicht und wächst nicht an ihm. Ein solcher Mensch ist während seiner Krankheit traurig und neigt leicht zum Zorn."

Die Gesichtsfarbe des Kranken zeigt den Menschen seiner Umgebung bereits, ob man es mit einem angenehmen oder gereizten Patienten zu tun hat.

Juni

Der sechste Monat

„In diesem Monat machen die Früchte Fortschritte und
ihre Reifung liegt schon in der Luft.
Dieser trockene Monat prägt den Früchten
Wachstums- und Vermehrungskraft ein.
Der Mensch, der in diesem Monat geboren ist,
hat seine Wärme von der Natur und kann sie, richtig
entwickelt, zu voller Reife bringen.
Er hat aber auch starke Schultern, um jede Arbeit,
sowohl körperlich als auch geistig auf sich zu
nehmen und sie zu Ende zu führen.
Dazu ist vor allem der zweite Sinn, das Gehör,
das Zuhören, für ihn ein wichtiges Detail.
Und so wie die berühmte Schafskälte im Juni eine
Abkühlung in der Natur mit sich bringen kann,
wird diesem Menschen als besondere
Charakterstärke, oft durch ernüchternde Abkühlung
seines übereifrigen Tuns, auch ein konsequentes
Durchhaltevermögen, selbst bei den
schwierigsten und weniger vorteilhaften
Unternehmungen gegeben.“

1. Juni

Namenstage: Justinus, Simeon

Gedanken zum Tag: „Heiliger Geist: Du Leben des Lebens aller Geschöpfe, du belebst die Gebilde."

Die Kräfte der vier Elemente

„... Als Gott die Welt erschuf, festigte er sie durch die vier Elemente, nämlich Feuer, Wasser, Luft und Erde ... Das Feuer besitzt fünf Kräfte nämlich Hitze, Kälte, Feuchtigkeit, Luft und Bewegung ... Die Luft hat vier Kräfte, nämlich sie sendet den Tau aus, bringt alles Grün hervor, läßt den Windhauch wehen, wodurch sie alles reifen läßt ... Das Wasser besitzt fünfzehn Kräfte, nämlich die Wärme, die Luft, die Feuchtigkeit, das Überfluten, die Geschwindigkeit, die Beweglichkeit, den Bäumen gibt es den Saft, den Früchten den Geschmack, den Pflanzen das Grün ... es trägt Vögel, ernährt Fische, läßt Tiere in seiner Wärme leben, hält die Reptilien in ihrem Schaum zurück und hält alles am Leben ... Die Erde hat sieben Kräfte; teilweise ist sie im Sommer kalt und im Winter warm, hat die Kraft wachsen und welken zu lassen in sich, bringt die Keime hervor, erhält die Lebewesen am Leben und trägt alles ..."

2. Juni

Namenstage: Armin, Eugen, Blandina

Gedanken zum Tag: „Der Schöpfer der Welt schaut vor aller Kreatur ins Antlitz der Schönsten aller Frauen – Maria – so wie der Adler in die Sonne schaut.“

Die Lebensregeln – Bewegung und Ruhe, d. h. der gesunde Lebensrhythmus zwischen Arbeit und Freizeit

„… Wenn ein Mann, der körperlich gesund ist, lange umhergeht oder lange aufrecht steht, nimmt er davon nicht viel Schaden … wer aber gebrechlich ist, soll sitzen … weil aber das Weib schwächer als der Mann ist … soll es nur mäßig gehen oder stehen … Wer dagegen auf dem Pferd reitet, nimmt dadurch kaum Schaden, weil er sich an der frischen Luft befindet.“

Man weiß heute, wie wichtig genügend Bewegung an frischer Luft ist, vor allem, um genügend Sauerstoff zu haben, Agressionen abzubauen und mit Lärm und Streß besser fertig zu werden. Optimal sind hier Gartenarbeit, Reiten, Wanderungen. Jedoch sollte sich jeder nur soviel zumuten wie er körperlich auch verträgt. Auch hier gilt das rechte Maß!

3. Juni

Namenstage: Karl Lwanga, Hildburg

Gedanken zum Tag: „Heiliger Geist, immer bringst du Menschen voll Einsicht hervor."

Die Edelsteine – Der Kristall (Bergkristall)

„... und wem die Augen sich verdunkeln, der wärme den Kristall an der Sonne, und so warm lege er ihn oft auf die Augen. Und weil (seine) Natur vom Wasser ist, zieht er die üblen Säfte aus den Augen, und so wird jener (Kranke) besser sehen. "

4. Juni

Namenstage: Klothilde, Christa, Quirin

Gedanken zum Tag: „O Freude über Freude, daß du, mein Gott, so wirkst: dem Ahnungslosen schenkst du deine Gnade."

Der gelbe Enzian zur Herzstärkung

„... Wer aber solchen Schmerz des Herzens leidet, wie wenn es kaum an seinem Strang hinge, der pulverisiere Enzian, und er esse dieses Pulver in Suppen."

Eine Suppe – frei von den Küchengiften: Lauch, Linsen, Schweinefleisch, Aal – bereiten und ½–1 Teel. Enzianpulver (aus der Hildegard-Apotheke) darüber streuen (nicht mitkochen!). Diese Suppe bei Bedarf täglich essen.

5. Juni

Namenstage: Bonifatius, Winfried, Eoban

Gedanken zum Tag: „Wenn dich die heilsame Flut von oben benetzt, zeige mir, wie du auf dem Acker deiner Seele arbeitest und wie du ihn pflegst.“

Der Petersilien-Honigwein (Der Herzwein)

„Aber wer im Herz oder in der Milz oder in der Seite Schmerzen hat, der koche Petersilie in Wein und füge etwas Essig und genug Honig bei, und dann siebe er es durch ein Tuch, und so trinke er oft, und es heilt ihn.“

Hier haben wir den schon sehr berühmt gewordenen Herzwein. Es ist ein Universalherzmittel, das Herzleiden verhindern und bereits vorhandene Herzleiden ausheilen kann, ganz gleich ob dieses Herzleiden psychischer oder physischer Natur ist. Selbst Kindern kann man einige Tropfen bis zu einem Teelöffel geben. Für einen Erwachsenen reichen normalerweise 1–2 Likörgläser pro Tag. Er wird auch in Fastenkursen als Herz-Kreislaufmittel gereicht und ist (am Abend vor dem Schlafengehen genommen) ein hervorragendes Schlafmittel. Den Petersilien-Honigwein kann man in der Hildegardapotheke beziehen oder aber selbst anfertigen.

6. Juni

Namenstage: Norbert von Xanten, Claudius

Gedanken zum Tag: „Christus ist die vollkommene Wahrheit, in der das Leben entstand und das Licht der Erlösung aufleuchtete."

Der Petersilien-Honigwein

Rezept: 8–10 Stengel frische Petersilie (mit Blättern! aber ohne Wurzeln) grob zerkleinern und in 1 l naturreinen Weißwein, dem 1–2 Eßl. Weinessig beigegeben wurden, 10 Minuten zugedeckt kräftig kochen. 100–150 g reinen Bienenhonig zufügen und noch ca. 4–5 Minuten bei kleiner Flamme köcheln. Abseihen und noch heiß in gut gereinigte Flaschen abfüllen.

7. Juni

Namenstage: Deocar, Gottlieb, Robert

Gedanken zum Tag: „Lehre mich, Gott, im Heiligen Geist deine Wege zu geh'n."

Gebet – Weg und Ziel der Liebe

„Lehre mich, Gott, im Heiligen Geist
deine Wege zu geh'n,
zu empfangen die Speise des Lebens,
die du den Gläubigen reichst
zur Erwählung und Heiligung…"

8. Juni

Namenstage: Medard, Helga

Gedanken zum Tag: „Zu dir rufe ich, o mein Gott und ich erhalte Antwort von dir."

Kräftespiel – Die Lüge – Die Wahrheit

Die Lüge: „Wer wäre der, der immer nur die Wahrheit sagen könnte! Würde ich nämlich meinem Mitmenschen aufrichtig Glück wünschen – ich müßte mir ja selber dabei schaden."

Die Wahrheit: „… Ich aber stehe wie eine Säule auf allen Pfaden des Herren. Eine wohltönende Posaune der Gerechtigkeit Gottes bin ich."

9. Juni

Namenstage: Ephräm, Felizian

Gedanken zum Tag: „Erleuchtet ward nämlich der Jungfrau Herz durch Gottes Geheimnis auf mystische Weise…"

Das Lindenwurzelholzpulver bei Herzschmerzen

„Die Linde hat große Wärme, und jene Wärme ist ganz in der Wurzel, und sie steigt in die Zweige und in die Blätter auf.… Und der Mensch, der Herzweh hat, nehme die innere Wurzel, und das, was in der Mitte der Lindenwurzel ist, und er pulverisiere es, und esse jenes Pulver oft mit Brot, und es wird ihm im Herzen besser."

Da die größte Kraft der Linde im Wurzelbereich zu finden ist, nimmt man das „Herzstück" davon, um das Pulver für die Herzbeschwerden zu gewinnen. Da aus dem Text nicht ganz klar hervorgeht, für welche Herzleiden es einzusetzen ist, ist es zu empfehlen (nach Absprache mit dem behandelnden Arzt), das Pulver immer zur Unterstützung der Herztherapie, auf Brot gestreut, einzunehmen.

10. Juni

Namenstage: Bardo, Heinrich, Diana

Gedanken zum Tag: „Und der Geist – obwohl unsichtbar für die leiblichen Augen – bezeichnet den Vater, der für alle Kreatur unbegreiflich ist.“

Fiebermittel – Der Meisterwurz-Wein

„Der Meisterwurz ist warm und taugt gegen Fieber. Denn wer Fieber hat, welcher Art es auch sei, der nehme Meisterwurz und zerstoße ihn nur mäßig, und wenn er so zerstoßen oder zerrieben ist, gieße er einen halben Becher Wein bis über die obersten Stücke über diesen Meisterwurz und so lasse er das mit diesem Wein über Nacht stehen, und am Morgen gieße er wiederum Wein dazu, und so trinke er nüchtern, und das während drei oder während fünf Tagen und er wird geheilt werden.“

Einige Wurzelstücke vom Meisterwurz über Nacht mit Wein übergießen und zugedeckt stehen lassen. Am Morgen noch etwas frischen Wein dazugeben, und diesen dann über den Tag verteilt schluckweise trinken. Am Abend erneut ansetzen. Dieses Mittel wirkt prompt auch bei hohem Fieber.

11. Juni

Namenstage: Barnabas, Jolenta

Gedanken zum Tag: „Die Weisheit ist der Ursprung der guten Werke, wenn der Mensch seinen Gott weise verehrt.“

Fiebermittel – Die Brunnenkresse

„Die Brunnenkresse ist von warmer Natur, und gegessen nützt sie dem Menschen nicht viel und schadet ihm auch nicht viel. Aber wer Gelbsucht hat oder Fieber, der dünste Brunnenkresse in einer Schüssel und esse sie oft so warm, und sie wird ihn heilen. Und wer gegessene Speisen kaum verdauen kann, der dünste ebenfalls Brunnenkresse in einer Schüssel, weil ihre Kräfte aus dem Wasser stammen, und so esse er sie und sie wird ihm helfen.“

12. Juni

Namenstage: Leo III., Odulf, Eskil

Gedanken zum Tag: „Denn wenn die Frömmigkeit in den Gläubigen wohnt, erwerben sie die Furcht des Herrn, um seine Gebote zu erfüllen.“

Der Genuß von Kirschen

„Wenn jemand Kirschen ißt, soll er gleich genügend Wein trinken, damit ihr Saft durch den Wein unterdrückt wird und er selber durch diesen Saft nicht zu Schaden kommt.“ Verfeinern Sie doch einmal Ihre Kirschmarmelade mit etwas Wein!

13. Juni

Namenstage: Antonius von Padua, Rambert

Gedanken zum Tag: „Der Himmel ist überall, wo Menschen mit Gott in Liebe zu dem Mitmenschen und sich selber erfüllt sind."

Fiebermittel – Das Galgantwasser

„Ein Mensch, der ein hitziges Fieber in sich hat, pulverisiere Galgant und trinke dieses Pulver in Quellwasser, und er wird das hitzige Fieber löschen."

Dieses Mittel ist bestens für Kinder geeignet. Da der Galgant unter anderem entzündungshemmend und krampflösend wirkt, kann man dieses Mittel bei allen Fieberzuständen einsetzen. Man löst dazu 1–2 Galganttabletten in abgekochten Leitungswasser auf, (bei Kindern kann man zusätzlich noch Himbeersirup zufügen) und trinkt dieses schluckweise.

14. Juni

Namenstage: Gottschalk, Methodius

Gedanken zum Tag: „Denn es ist recht, daß dem Schöpfer des Alls von seiner Kreatur Ehrfurcht erwiesen wird und er als Gott über alles gläubig angebetet werde."

Die Edelsteine – Der Kristall (Bergkristall)

„... Und wenn Drüsen oder Skrofeln am Hals des Menschen entstehen, dann wärme er diesen Stein an der Sonne und so warm schnüre er ihn am Tage oder nachts mit einem Verband auf die Drüsen oder auf die Skrofeln. Und so tue er oft, und sie werden verschwinden. Auch wem eine Erhebung an der Kehle wächst oder anschwillt... den an der Sonne gewärmten Kristall lege er oft warm an die Kehle über der Erhebung und sie wird sich verkleinern..."

Hier gibt es ein sehr wirksames Mittel bei Schilddrüsenerkrankungen und sogar Kropfbildungen. Man erwärmt den Bergkristall an der Sonne, binde den warmen Stein auf die Kehle oder erwärmt eine enganliegende Kette, und trägt sie. Um eine bessere Erwärmung des Steines zu erzielen, legt man sie auf eine reflektierende Unterlage (Alufolie, Silberplatte, helles Ofenblech).

15. Juni

Namenstage: Vitus, Lothar

Gedanken zum Tag: „Daher ist die Furcht des Herrn auch der Beginn aller Weisheit, weil sie das Ziel und der Anfang der übrigen Tugenden ist."

Kirschmarmelade mit Wein

500 g Sauerkirschen und 250 g Himbeeren mit 750 g Gelierzucker, 2–3 Gewürznelken und ½ Teel. Zimt bis zur Gelierprobe (ca. 4 Minuten) kochen, 6 Eßl. kräftigen, nicht zu herben Rotwein zufügen, nochmals aufkochen lassen und heiß in Gläser abfüllen.

16. Juni

Namenstage: Benno, Aurelian, Luitgard

Gedanken zum Tag: „So tue auch du, o Mensch, wenn dich die Bosheit ergreift: wende dich an Gott, flehe, bete und versprich deine Besserung und Gott wird dir beistehen."

Der Regen

„Der Regen, der plötzlich und in heftigem Guß auf die Erde fällt, ist schädlich und schädigt den Erdboden und die Früchte der Erde, weil er gewisse Schadstoffe enthält. Mäßiger Regen ist nützlich, bewässert die Erde und bewirkt, daß sie Früchte hervorbringt, weil er sanft und im Hinblick auf den Nutzen und die Fruchtbarkeit rein und sauber ist."

17. Juni

Namenstage: Fulko, Ramwold, Euphemia

Gedanken zum Tag: „Der Geist des Menschen ist geistiger Natur, d.h. er geht nicht aus dem Blut hervor und entsteht nicht aus dem Fleisch, sondern er entspringt dem Geheimnis Gottes ..."

Die Melisse

„Die Melisse ist warm und ein Mensch, der sie ißt, lacht gern, weil ihre Wärme die Milz berührt und daher das Herz erfreut wird ..."

Machen Sie aus den Melissenblättern also nicht nur Tee, sondern benützen Sie diese als Gewürz oder essen die Blätter einfach roh. Hier haben wir wieder ein typisches Psychopharmakon von Hildegard.

18. Juni

Namenstage: Potentin, Felicius

Gedanken zum Tag: „O Mensch, ist es auch nur geziemend und entsprechend, daß der geistbegabte Mensch ohne Einsicht ist wie unvernünftiges Vieh, das nichts anderes tut, als wonach seine Begierde sich ausstreckt?“

Die Petersilie

„Die Petersilie ist von kräftiger Natur und hat mehr Wärme als Kälte in sich, und sie wächst vom Wind und von der Feuchtigkeit. Und sie ist für den Menschen besser und nützlicher roh als gekocht zu essen.“

Petersilie also nur roh über das fertige Gericht streuen oder zum Dekorieren und Rohessen verwenden. Ausnahmen bilden Heilmittel, wo ausdrücklich das Kochen der Petersilie verlangt wird.

19. Juni

Namenstage: Romuald, Gervasius

Gedanken zum Tag: „Lob dir, Dreifaltigkeit, Klang und Leben bist du.“

Die Edelsteine – Der Kristall (Bergkristall)

„... Und wem eine Erhebung an der Kehle wächst oder anschwillt, der wärme den Kristall an der Sonne und über den so warmen Stein gieße er Wein, und davon trinke er oft ...“

Man erwärmt Bergkristalle an der Sonne und übergießt den Kristall danach mit Wein, welchen man in einem Gefäß auffängt. Dieser Wein hilft bei vielen Begleiterscheinungen von Schilddrüsenerkrankungen, wie z. B. Angstgefühl, Beklemmung, Übererregbarkeit und depressive Verstimmungen. Es empfiehlt sich, diesen Wein in gut gesäuberte, sterile, Weinflaschen abzufüllen, um ihn auch an sonnenfreien Tagen auf Vorrat zu haben. Täglich, am besten nüchtern, ein Glas von diesem Kristallwein getrunken, ist er ein wirkungsvolles, unterstützendes Mittel.

20. Juni

Namenstage: Deodat, Adalbert, Benigna

Gedanken zum Tag: „O du mein Helfer bei allem Guten, durch dich vollbringe ich gute Werke."

Gebet – Gottes Hilfe

„Mein Gott, du hast mich geschaffen,
ich lebe durch dich und trachte nach dir,
wenn ich mit Seufzen das Gute erflehe.

Ich kenne dich ja als meinen Gott
und weiß nur, daß ich dir dienen darf,
denn du hast mir Einsicht gegeben.

O du mein Helfer bei allem Guten,
durch dich vollbringe ich gute Werke.
Auf dich will ich werfen all meine Hoffnung
und zieh als Gewand an deine Huld.

Mein Retter bist du, vor Frevel bewahr' mich,
wenn mein Gewissen mich mahnt,
das Böse zu lassen."

21. Juni

Namenstage: Aloisius, Alban, Radulf

Gedanken zum Tag: „Schaue mit den Augen der Unschuld, und überall bekommst du in ehrbarer Haltung nach Gottes Willen das zu sehen, was du in blinder Unwissenheit fliehst."

Der Kerbel

„... Der Kerbel ist von trockener Natur ... Und er gleicht etwas den unnützen Kräutern ... Denn weder gekocht noch roh taugt er dem Körper des Menschen zum Essen, es sei denn, daß er sehr zu Heilmitteln brauchbar ist ..."

Den Kerbel sollte man also nicht unbedingt täglich verwenden. Nur wenn er in Heilmitteln verwendet wird, ist er brauchbar.

22. Juni

Namenstag: Thomas Morus

Gedanken zum Tag: „Deshalb, o Mensch, umarme Gott so im Licht deiner Lebenskraft, bevor die Stunde der Läuterung deiner Werke kommt, da alles offenbar und nichts übersehen wird."

Der echte Lavendel zur Aromatherapie

„Der echte Lavendel ist warm und trocken, weil er wenig Saft hat. Und er nützt dem Menschen nicht zum Essen, hat aber doch einen starken Duft. Und wenn ein Mensch, der viele Läuse (Viren/Bakterien) hat, oft am Lavendel riecht, sterben die Läuse (Viren/Bakterien) an ihm. Und sein Duft macht die Augen klar."

Nach Hildegard verwendet man den Lavendel während Grippeepidemien und gegen Infektionskrankheiten. Einige Tropfen ätherischen Lavendelöls in eine Duftlampe geben und fleißig einatmen. Bei bereits vorhandenen Infektionen kann man schon einmal 1 Tropfen zum Inhalieren dazugeben.

23. Juni

Namenstage: Edeltraud, Hildulf

Gedanken zum Tag: „Mein Retter bist du, vor Frevel bewahr mich, wenn mein Gewissen mich mahnt, das Böse zu lassen."

Kräftespiel: Der Geiz, die Besitzgier – Die Genügsamkeit, die wahre Zufriedenheit

Der Geiz: „…Alles raffe ich an mich und sammle alles in meinem Schoß… Ich nehme mir nur das was ich will, aneignen werde ich es mir durch meine Geschicklichkeit."

Die Genügsamkeit: „Hinterlistig wie ein Wolf lauerst du auf Beute und des anderen Eigentum verschlingst du wie ein Geier.… Du liegst da in deiner Herzenshärte, vollkommen von Gott verlassen, da du nicht mehr auf ihn vertraust… Ich aber sitze über den Sternen, weil mir alle Gottesgaben genügen.… Mein Kleid ist aus weißer Seide und mit kostbaren Edelsteinen geschmückt, weil ich Barmherzigkeit für alles aufbringe und ich milde gesonnen bin, wo es um Lebensbedürfnisse geht."

24. Juni

Geburt des Johannes des Täufers

Namenstage: Irmbert, Reingard

Gedanken zum Tag: „Versteh, o Mensch, was du in deiner Seele bist, der du deinen guten Verstand niederlegst und dich dem Vieh gleichstellen willst."

Das Eisenkraut

„… wenn entweder infolge von Geschwüren oder von Würmern fauliges Fleisch im Menschen ist, dann koche (der Kranke) Eisenkraut in Wasser und dann lege er ein leinenes Tuch auf die fauligen Wunden oder auf die fauligen Stellen mit den Würmern, und lege das Eisenkraut, nach mäßigem Ausdrücken des Wassers, mäßig warm auf jenes leinerne Tuch … tue dies solange, bis jene Fäulnis hinweggenommen wird …"

Das Eisenkraut hat sich bewährt bei schlecht heilenden, eitrigen Wunden, wie z.B. zur Unterstützung bei Gürtelrose, Abszessen, Wundsein bei Kindern etc.
Eine gewisse Menge – je nach Größe der Entzündung – frisches oder getrocknetes Eisenkraut in Wasser ca. 5 Minuten kochen. Ein steriles Leinentuch auf die Entzündung (Wunde) legen und das gekochte, leicht ausgedrückte, auf Körperwärme abgekühlte Eisenkraut darauflegen. Die Auflage immer wieder erneuern, sobald sie trocknet und dabei stets frisch gekochtes, neues Eisenkraut nehmen.

25. Juni

Namenstage: Eleonore, Wilhelm

Gedanken zum Tag: „Wunderbar erweist sich Gott in seinen Geschöpfen."

Über die Maßlosigkeit bei der Einnahme von Heilmitteln

„… weil diese edlen Kräuter wie auch die aus edlen Pflanzen bereiteten Gewürze den gesunden Menschen nichts nützen, wenn sie ohne Ordnung (maßlos) genossen werden, sondern ihnen dadurch auch Schaden zufügen … Werden sie aber vom Menschen genommen, so soll sie dieser mit Vernunft und nur wenn er ihrer bedarf verwenden …"
Also keine Heilmittel zur Vorbeugung einnehmen.

26. Juni

Namenstage: Vigilius, Anthelm

Gedanken zum Tag: „Mit meinen beiden Flügeln der Erkenntnis des Guten und Bösen will ich den Flug zu dir wagen und auf dem rechten Pfade wandeln."

Das Schaffleisch gegen Kreislaufschwäche

„… Aber jener, der am ganzen Körper schwach ist (Kreislaufschwäche) und dessen Adern welk sind, der schlürfe oft vom Saft des Schaffleisches … und esse mäßig Schaffleisch …"
Das Schaffleisch ist ein ausgezeichnetes Mittel, um Kreislaufschwäche vorzubeugen.

27. Juni

Namenstage: Cyrill von Alexandrien, Hemma, Harald

Gedanken zum Tag: „Nun sammle uns alle in Gnaden zu dir und führe uns auf den rechten Weg."

Die vier Elemente, Feuer, Luft, Wasser und Erde im Menschen

„Das Feuer hat fünf Kräfte in der Natur, so wie der Mensch fünf Sinnesorgane hat. Das Feuer äußert sich als Hitze beim Sehen, als Kälte beim Riechen, als Feuchtigkeit beim Schmecken, als Luft beim Hören und als Bewegung beim Tasten..
Die Luft ist mit ihren vier Kräften im Atem und in der Vernunft des Menschen. Sie leistet durch ihren lebendigen Hauch, der nichts anderes als die Seele ist, im Menschen ihren Dienst, und sie ist der Flügel seines Fluges, wenn der Mensch den Atem in sich zieht und ausstößt, daß er leben kann … Das Wasser mit seinen fünfzehn Kräften ist in der Feuchtigkeit und im Blut des Menschen erhalten … Das Fleisch des Mensch kommt von der Erde …"

Sind die vier Elemente im Menschen in Harmonie, dann kann der Mensch nach Hildegard als Ganzes leben.

28. Juni

Namenstage: Irenäus, Heimrad, Ekkehard

Gedanken zum Tag: „Der Verstand erkennt vor den anderen Seelenkräften, was in den Werken der Menschen ist, ob sie gut oder böse sind …"

Die Moxibustion – das Setzen von Brennkegeln

„Die Moxibustion ist zu jeder Zeit gut und vorteilhaft, weil es, wenn es vorsichtig erfolgt, die Flüssigkeiten und schleimigen Säfte unter der Haut verringert und dem Körper Gesundheit verleiht. Es ist ebenso für junge wie für alte Menschen geeignet; für junge deshalb, weil dann, wenn ihr Fleisch und ihr Blut in der Jugend noch zunehmen, sich auch die schädlichen Säfte in ihnen vermehren; für alte aber, weil dann, wenn bei ihnen im Alter das Fleisch und Blut abnehmen, schleimige Säfte zwischen ihrer Haut und ihrem Fleisch zurückbleiben …"

Das Setzen von Brennkegeln eignet sich besonders gut zur Behandlung von Muskelverspannungen, Gelenkrheuma und Kopfschmerzen, weil sich die Blutgefäße durch die Erwärmung öffnen und damit eine bessere Durchblutung gewährleistet wird.

29. Juni

Hochfest der Apostel Petrus und Paulus

Namenstage: Judith, Salome

Gedanken zum Tag: „Bedenke, was für ein Gewand du angezogen hast und vergiß nicht deinen Schöpfer, der dich erschuf."

Die Edelsteine – Der Kristall (Bergkristall)

„Aber auch wer Schmerzen leidet im Herz oder im Magen oder im Bauch, der wärme den Kristall an der Sonne, und über den so warmen gieße er Wasser, und dann lege er auch für eine kurze Stunde den Kristall in dieses Wasser, und dann nehme er ihn weg. Und so trinke er oft jenes Wasser, und es wird ihm besser gehen im Herz oder im Magen oder im Bauch."

Die in der Sonne erwärmten Bergkristalle werden mit Wasser übergossen, das in einem Gefäß aufgefangen wird. Dieses Kristallwasser gibt man in saubere, sterile Flaschen und trinkt täglich ca. 3 Likörgläser davon und es bringt eine deutliche Verbesserung der Beschwerden des Herzens und des Bauches, die oft Begleitscheinungen von Schilddrüsenerkrankungen sind.

30. Juni

Namenstage: Otto, Erentrud, Ernst

Gedanken zum Tag: „Der Mensch aber hat drei Pfade in sich: die Seele, den Leib und die Sinne. In diesen trägt sich das Leben des Menschen zu."

Das Zypressenbad bei Kreislaufschwäche

„Aber auch wer schwach ist, oder sogar am ganzen Körper ermattet, der koche die Zweige mit den Blättern in Wasser, und er nehme in diesem Wasser ein Bad, und er nehme es oft, und er wird geheilt werden und seine Kräfte wiedererlangen …"

Also unbedingt vom nächsten Urlaub aus dem Süden Zypressenzweige mitbringen. Man kocht diese gut 20–30 Minuten im Wasser und gibt den Absud zum Badewasser. Dies ist ein ausgezeichnetes Stärkungsbad, sowohl bei allgemeiner Körperschwäche – Kreislauf – als auch nach Krankheiten zum Aufbau. Es regt kräftig die Durchblutung an.

Juli

Der siebte Monat

„Der Juli ist der Monat, der die Früchte zur Reife bringt,
in ihm gibt es die absolute Dürre, Trockenheit,
aber auch massive Regengüsse, oft in Form von
schweren Gewittern und Hagelstürmen.
Genau wie die Natur in diesem Monat sich zeigt, ist
auch der Mensch, der in diesem Monat geboren wurde.
Bei ihm ist vor allem die Reife augenscheinlich,
er ist den anderen in vielem voraus,
besonders was seine Gesundheit anbelangt.
Alles, was ihm schadet, meidet er und nimmt dazu auch
schon einmal die Kraft seiner Arme zuhilfe.
Jedoch, wenn er sich belehren läßt durch die
Mahnungen des Heiligen Geistes wettert er mit
ungewöhnlichem Feuereifer gegen
Laster und Sünden an und findet so zu seinem
wahren Seelenheil."

1. Juli

Namenstage: Theobald, Theoderich

Gedanken zum Tag: „Man ist der Weltliebe ausgeliefert, wenn man den Himmel aus den Augen verliert..."

Die Tugenden und die Laster

„... Ich kenne nichts, was da oder dort seine Heimat in Gott hat..."

Hildegard von Bingen beschreibt in ihrem Buch „Der Mensch in der Verantwortung" 35 Konfliktsituationen, die im täglichen Leben des Menschen vorkommen können. Hieraus ergibt sich ein „Ordo Virtutum – ein Spiel der Kräfte". Auf der einen Seite beschreibt Hildegard 35 Krankheitsursachen, die Schattenseiten des Menschen (Laster), denen 35 positive, heilende Schutzkräfte, die Tugenden gegenüberstehen. Der Mensch muß nach Hildegard nun jeden Tag aufs neue im Hinblick auf den freien Willen, den Gott ihm gab, sich für das Gute (Tugend) oder das Böse (Laster) entscheiden. Hildegard warnt jedoch vor allem seelischen Fehlverhalten (Laster), da diese Mitursache für die Zerstörung der Gesundheit sind und Störungen der Lebensordnung wiederum kosmische Katastrophen nach sich ziehen.

2. Juli

Mariä Heimsuchung

Namenstag: Wiltrud

Gedanken zum Tag: „Sie sollen nicht verwegen in ihren Herzen die himmlischen Geheimnisse prüfen, sondern wie Gott alle seine Werke in seinen verschiedenen Geschöpfen gerecht und diskret verteilt, so sollen auch die Menschen in der Kraft der Unterscheidung alle ihre Taten gut und recht ordnen."

Aus den Visionen Hildegard von Bingens

„Ja glaubst du denn, wir würden das Paradies wie ein fertiges Geschenk in den Schoß gelegt bekommen, wir bräuchten uns gleichsam nur hinüberträumen, ohne etwas eigenes zu tun? Das Paradies, das neue Jerusalem, die neue Erde mit den neuen Menschen, kann nur durch unsere Arbeit und Mitarbeit entstehen. Es ist gleichsam so, als wären wir schwanger, als hätten wir ein Kind empfangen. Gott gibt uns die Kraft dazu. Seine Kräfte umwerben und verbinden sich mit uns. Doch austragen und gebären müssen wir das Kind selber. Du weißt, daß die ganze Schöpfung in Wehen liegt und wartet auf die Herrlichkeit der Kinder Gottes."

3. Juli

Namenstage: Thomas, Ramon Lull

Gedanken zum Tag: „Denn ich bin eine standfeste Säule, die den, der mich sucht, niemals verläßt."

Der Edelsteine – Der Onyx

„… Und der Onyx hat nicht die große Hitze des Feuers, sondern er enthält die Wärme der Luft und entsteht in der Sonne wurzelnd, und er wird durch verschiedene Wolken zusammengeklebt. Daher hat er große Kraft gegen Krankheiten, die aus der Luft entstehen."

Bei Wetterfühligkeit, Föhnkrankheiten, Angina-pectoris-Anfällen bei Wetterwechsel, Reisekrankheiten und Schwächeanfällen trägt man einen Onyx auf der bloßen Haut. Dies bringt eine deutliche Verbesserung.

4. Juli

Namenstage: Ulrich von Augsburg, Elisabeth, Berta

Gedanken zum Tag: „Lob dir, Dreifaltigkeit – Klang und Leben bist du ..."

Gebet – Liebe

„Belehre mich
mit dem Hauch des Heiligen Geistes,
daß reines Wasser
aus mir sich ergieße,
Tränen entströmen
dem Seufzen nach guten Taten,
und Wohlgeruch dufte
aus heiligen Werken."

5. Juli

Namenstage: Antonius Maria Zaccaria, Lätitia, Kyrilla

Gedanken zum Tag: „Suche die Heilung deiner Wunden bei Gott."

Die Gerstewaschungen für eine schöne Gesichtshaut

„... Aber wer im Gesicht eine harte und rauhe Haut hat und die sich vom Wind leicht schuppt, der koche Gerste in Wasser und dann wasche er sich sanft im Gesicht mit jenem durch ein Tuch geseihten und mäßig warmen Wasser und seine Haut wird ihm sanft und mild sein und wird eine schöne Farbe haben ..."

6. Juli

Namenstage: Maria Goretti, Goar

Gedanken zum Tag: „Überaus teuer ist der Mensch dem Allerhöchsten, den er nach seinem eigenen Bild und Gleichnis geschaffen hat."

Das Habermus – das ideale Frühstück nach Hildegard von Bingen

„... Wenn ein Mensch nüchtern ist, soll er zuerst eine Speise essen, die aus Früchten und Mehl zubereitet würde ... Er soll auch zuerst ein warmes Essen zu sich nehmen ..."

Rezept: ½ Tasse Dinkelschrot/grütze/flocken in 1–1½ Tassen Wasser einrühren und unter ständigem Rühren aufkochen lassen. 1 Teel. Honig, 1 Msp. Galgant, Bertram und Zimt zugeben und ca. 5 Minuten (Flocken) oder 10 Minuten (Schrot) köcheln lassen. In den letzten vier Minuten ½ kleingeschnittenen Apfel dazugeben. Mit süßen gehackten Mandeln und 1 Teel. Flohsamen bestreuen und dem Saft einer ¼–½ Zitrone beträufeln.

7. Juli

Namenstage: Willibald, Edelburg

Gedanken zum Tag: „Wie nämlich morsches Holz im Weg und unnütz zum Gebrauch der Menschen ist, so ist auch das von Gott getrennte Volk abgeschnitten und verbannt von der Freude des Lebens, da es lieber teuflischen Trugbildern folgt als den göttlichen Geboten."

Der Ingwer

„... Wenn jemand am Körper dürr ist ..., nehme er dieses Pulver ...... einem Gesunden und beleibten Menschen schadet er, weil er diesen unkonzentriert, vergeßlich und täppisch macht ..."

Ingwer ist als Heilmittel bei Magerkeit, Abmagerung und Appetitlosigkeit zu sehen. Hier sollte man es in Suppen auf leeren Magen oder auf Brot essen. Sobald jedoch eine Kräftigung eingetreten ist, sollte man Ingwer meiden.

8. Juli

Namenstage: Kilian, Kolonat, Totnan, Edgar

Gedanken zum Tag: „Noch unter Tränen freu' ich mich deiner und rufe zu dir: Gott, komm mir zu Hilfe."

Zahnfleischerkrankungen

„Aber wem das Fleisch um die Zähne faul und wessen Zähne schwach sind, der lege warme Rebasche in Wein, wie wenn er eine Lauge machen wollte, und dann wasche er mit jenem Wein die Zähne und das Fleisch, das um die Zähne ist. Und das tue er oft, und jenes Fleisch wird gesund werden und die Zähne werden fest. Aber wenn seine Zähne gesund sind, wird diese Waschung ihnen nützen und sie werden schön."

Mit der Rebaschenzahnpflege, erhältlich in jeder Hildegard-Apotheke, liegt ein Heilmittel gegen Zahnfleischbluten, Zahnfleischschwund und Entzündungen vor, das bereits nach den ersten Anwendungen eine Verbesserung herbeiführt.

9. Juli

Namenstage: Agilolf, Veronika

Gedanken zum Tag: „Wo nämlich die Furcht des Herrn wurzelt, dort erstrahlt auch darüber die Weisheit des menschlichen Geistes."

Die Edelsteine – Der Onyx

„... Aber auch wenn du von Traurigkeit bedrückt bist, schaue den Onyx aufmerksam an und lege ihn auch bald in deinen Mund, und die Bedrückung deines Geistes wird weichen."

10. Juli

Namenstage: Knud, Olaf, Erich, Alexander

Gedanken zum Tag: „Alles, was in der Ordnung Gottes steht, entspricht einander."

Die Edelsteine – Der Karneol

„... und wenn jemandem Blut aus der Nase fließt, dann wärme Wein, und in den gewärmten Wein lege den Karneol. Und so gib es jenem zu trinken, und das Blut wird aufhören zu fließen."

Dieses Mittel wirkt prompt bei Nasenbluten. Es ist aus psychologischen Gründen ratsam, Rotwein zu nehmen; dieser wird erwärmt und man gibt einen Karneol hinein und läßt den Betroffenem den Wein warm und schluckweise trinken.

11. Juli

Namenstage: Benedikt von Nursia, Rachel, Oliver

Gedanken zum Tag: „Denn die Erkenntnis des ewigen Lichts verbreitet sich sowohl in der Gottesfurcht als auch in der Gottesliebe…“

Die Zahngesundheit

„Wer gesunde, kräftige Zähne haben will, nehme frühmorgens, wenn er von seinem Bett aufsteht, reines, kaltes Wasser in seinen Mund und behalte es eine Zeitlang im Mund, damit der Schleim, der an den Zähnen haftet, aufgeweicht wird. Mit eben diesem Wasser, das er im Mund hat, soll er sich die Zähne putzen und dies oft wiederholen, dann wird der Schleim an den Zähnen nicht zunehmen und die Zähne werden gesund bleiben."

Um kräftige und gesunde Zähne zu bekommen und zu behalten, jeden Morgen nach dem Aufstehen den Mund und die Zähne gründlich mit kaltem Wasser spülen und putzen.

12. Juli

Namenstage: Fortunat, Felix, Walbert

Gedanken zum Tag: „Mein Schöpfer und Herr, du bist meine Stärke."

Gebet – Siegreich in Gott

„Führ mich hinaus über irdisch' Begehren
auf die Höhen der Kraft und des Sieges.
Gelangt zur himmlischen Seligkeit,
will ich dir unermüdlich lobsingen."

13. Juli

Namenstage: Heinrich und Kunigunde, Mildred

Gedanken zum Tag: „Deshalb herrsche auch auf Erden für alle Menschen, die den Willen des Vaters hingegeben und gläubig annehmen, der Friede der Erlösung."

Der Farn als natürlicher Blitzableiter

„… und an dem Ort, wo er wächst, auf das Haus und den Ort fallen Hagel, Blitz und Donner selten …"

Schon in früheren Zeiten wußte man, daß der Farn eine Art natürlicher Blitzableiter ist. Deshalb ist es sinnvoll, sowohl um das Haus als auch in der Wohnung Farn zu haben.

14. Juli

Namenstage: Kamillus, Roland

Gedanken zum Tag: „Denn Vater, Wort und Heiliger Geist sind ein Ort der Dreifaltigkeit und diese Dreifaltigkeit besteht in Einheit."

Die Meerrettich-Galgantmischung – ein Herzpulver

„Und wenn der Meerrettich grün ist, soll er in der Sonne getrocknet werden, und dem werde Pulver von Galgant in gleichem Gewicht beigegeben. Und wer Herzweh hat, der esse dieses Pulver nach dem Essen und nüchtern mit Brot, und es wird ihm besser gehen."

15. Juli

Namenstage: Bonaventura, Waldemar

Gedanken zum Tag: „Der Geist des Menschen trägt nämlich das Zeugnis von Gott in sich, daß es kein volles Leben zur Wiedererlangung des Heils gibt, wenn er nicht durch ihn im Wasser der Wiedergeburt aufersteht…"

Das Lorbeeröl bei Herzschmerzen

„Wenn du auf dem Herz Schmerzen hast, salbe dich dort damit oder wenn du auf der Seite oder im Rücken leidest, salbe dich dort damit, und es wird dir besser gehen."

Herzschmerzen können auch bei verspannten Rückenpartien auftreten.

16. Juli

Namenstage: Irmengard vom Chiemsee, Carmen, Elvira

Gedanken zum Tag: „Erhebe deine Augen zu dem, der dich erschaffen hat und mit seinem Blut gereinigt. Zeige ihm deine Wunden und erbitte von ihm die Arznei, denn Gott verschmäht die Verwundeten nicht und verachtet nicht die Schmerzen derer, die vor ihm zittern."

Das Habichtskrautmischung bei Herz- und Kreislaufschwäche

„Das Habichtskraut ist kalt und gegessen stärkt es das Herz, und es mindert die üblen Säfte, die im Menschen an einer Stelle angesammelt sind. Aber der Mensch, der es ißt, soll es nicht allein und einfach essen, weil es zu herb ist, und er füge ein wenig Diptam oder etwas Galgant oder etwas Zitwer bei, und er esse es, wie vorhin gesagt wurde."

Da dieses Mittel das Herz stärkt und gleichzeitig zusammengeballte „Fehlsäfte" vermindert, kann es also überall dort eingesetzt werden, wo diese Stauungen in Zusammenhang mit einer schwachen Herztätigkeit zu finden sind, wie Kreislaufschwäche und Durchblutungsstörungen – es ist also ein geeignetes Sommermittel. Dieses Pulver (aus der Hildegard-Apotheke) kann man zum Verzehr auf das Brot streuen.

17. Juli

Namenstage: Donata, Alexius

Gedanken zum Tag: „Hat doch der Schöpfer sein Geschöpf, so wie er es schuf, damit (mit Liebe) geschmückt, daß es ihn liebe…"

Das Olivenöl als Heilmittel

„…Der Ölbaum ist mehr warm als kalt und er bezeichnet die Barmherzigkeit… Aber das Öl aus der Frucht dieses Baumes taugt nicht viel zum Essen, weil es, wenn es gegessen wird, Übelkeit hervorruft und andere Speisen schlecht genießbar macht. Aber es ist brauchbar für viele Heilmittel…"

Als Speiseöl taugt das Olivenöl nach Hildegard nicht – nur zur Herstellung von Heilmitteln. Viele Menschen, vor allem Kinder, bekommen vom Genuß des Olivenöls Durchfall oder starke Übelkeit.

18. Juli

Namenstage: Arnulf, Arnold, Friedrich

Gedanken zum Tag: „Gott hat einen strahlenden Menschen geschaffen ..."

Die Öle

Das Leinöl

„... Der Lein ist warm und taugt nicht zum Essen ..."

Das Kürbiskernöl

„Die Kürbisse sind trocken und kalt und wachsen von der Luft. Und sie sind für Kranke und Gesunde gut zu essen."

Das Distelöl

„... Die Kranken aber schädigt sie (die Distel) sowohl gekocht als auch roh, weil sie Mattigkeit in ihnen erregt."

Das Nußöl

„Das aus den Nüssen gepreßte Öl ist warm und es macht das Fleisch der davon Essenden fett und macht sie fröhlich; aber davon nimmt der Schleim zu, so daß er die Brust des Menschen mit Sekret, d.h. Schleim, füllt."

Von diesen Pflanzenölen taugt in der Küche am besten das Kürbiskernöl und mit Einschränkung das Nußöl.

19. Juli

Namenstage: Bernulf, Makrina

Gedanken zum Tag: „Genügsamkeit: Über den Sternen throne ich, weil mir deine Gaben genügen."

Die Edelsteine – Der Onyx

„Und wer starke Fieber hat, der lege den Onyx fünf Tage in Essig ein, und dann, wenn er ihn herausgenommen hat, mische und würze er alle seine Speisen mit diesem Essig und esse sie so, und das Fieber wird weichen und leicht verschwinden, weil die gute Wärme des Onyxs, vermischt mit der Wärme des Essigs, die schädlichen Säfte vertreibt, aus denen die Fieber entstehen."

Bei sehr schweren Fiebern lege man den Onyxstein für fünf Tage in reinen Weinessig und würze mit diesem Essig alle Speisen des Fieberkranken und sein Fieber wird weichen. Dieses Fiebermittel setzt man bei Fieberpatienten mit hartnäckigen Fieber ein, die auf andere Fiebermittel nur schlecht oder gar nicht reagierten.

20. Juli

Namenstage: Margareta, Elias

Gedanken zum Tag: „Kein Mensch kann vollständig begreifen, wie der Eingeborene Gottes vom Heiligen Geist empfangen ist und in diese Welt kam."

Das Mandelöl – ein hochwertiges Öl

„Der Mandelbaum ist sehr warm und hat etwas Feuchtigkeit in sich. Und seine Rinde, seine Blätter und sein Saft taugen nicht viel zu Heilmitteln, weil seine ganze Kraft in der Frucht steckt. Aber wer ein leeres Gehirn hat und ein Gesicht von schlechter Farbe, und daher Kopfweh hat, esse oft die inneren Kerne diese Frucht und es füllt das Gehirn und gibt ihm die richtige Farbe. Aber wer lungenkrank ist und einen Schaden an der Leber hat, esse diese Kerne oft, ob roh oder gekocht, und sie geben und bringen der Lunge Kräfte, weil sie den Menschen in keiner Weise dämpfig noch trocken machen, sondern sie machen ihn stark."

Wir sehen, daß nach Hildegard sowohl Mandelkerne wie auch das teure Mandelöl hundertprozentig gesund sind. Sie stärken das Gehirn, die Nerven, verbessern die Hautfarbe, kräftigen die Lunge und die Leber und sind somit auch für Asthmatiker ein ausgezeichnetes Gesundheitsmittel.

21. Juli

Namenstage: Laurentius von Brindisi, Daniel, Praxedis

Gedanken zum Tag: „Ich lebe durch dich und trachte nach dir, mein Gott."

Die große Herzkur – Teil 1: Die Griechenkleepillen

„Wenn schädliche Säfte in den Eingeweiden und in der Milz des Menschen überhandgenommen und dem Herzen durch die Schwarzgalle viele Leiden gebracht haben, nehme er die gleiche Gewichtsmenge Galgant und Bertram, ein Viertel von jedem einzelnen von ihnen weißen Pfeffer oder, wenn er weißen Pfeffer nicht zur Verfügung haben sollte, viermal so viel Pfefferkraut und verarbeite das Ganze zu Pulver. Dann nehme er Bohnenmehl, gebe das erwähnte Pulver hinzu und mische alles mit dem Saft vom Bockshornklee, aber ohne Wasser, Wein oder eine andere Flüssigkeit. Dann forme er aus all dem kleine Kuchen und lasse sie in der Sonnenwärme trocknen … Dann soll er diese kleinen Kuchen sowohl nach dem Frühstück als auch nüchtern essen … "

Zwei Griechenkleepillen (aus der Hildegard-Apotheke) nimmt man die ersten 10 Tage nach dem Essen ein, dann einige Zeit vor und nach dem Essen jeweils zwei Pillen. Zur vollständigen Herzkur sollte man zusätzlich den Herzsaft (Fencheltrank) und das Griechenkleepulver nehmen.

22. Juli

Namenstage: Maria Magdalena, Verena

Gedanken zum Tag: „Im Fleisch, das dem Guten nicht zustimmen will, ersehne ich dich, o Herr…"

Die große Herzkur – Teil 2:
Der Herzsaft (Der Fencheltrank)

„Dann nehme er Süßholz, Fenchel fünfmal soviel, Zucker in der Gewichtsmenge des Süßholzes und ein wenig Honig, mache daraus einen Trank, nämlich den Lautertrank und trinke ihn sowohl nach dem Frühstück als auch nüchtern gegen das Herzweh!"

Diesen süßen Saft (aus der Hildegard-Apotheke) trinkt man am besten nach den Griechenkleepillen. So nimmt die Süße des Herzsaftes die Schärfe der Pillen.

23. Juli

Namenstage: Birgitta, Liborius

Gedanken zum Tag: „Jesus suchte nicht seine Ehre, sondern die des Vaters und erschloß den Zugang zur unerschöpflichen Tröstung des Heiligen Geistes ..."

Die große Herzkur – Teil 3:
Die Griechenklee-Pulvermischung

„Also nimm weißen Pfeffer, ein Drittel davon Kümmel und halb soviel Bockshornklee wie Kümmel, verarbeite das zu Pulver und iß es langsam mit einem Bissen Brot sowohl nüchtern als auch nach dem Frühstück, bevor du im Herzen eine Schwäche fühlst oder dort der Schmerz einsetzt!"

Von diesem Pulver (am besten aus der Hildegard-Apotheke) gibt man eine Messerspitze voll auf das Brot und kaut es langsam.
Wenn man die große Herzkur, bestehend aus Griechenkleepillen und -pulver sowie dem Fencheltrank anwendet, spürt oftmals schon nach einer kurzen Zeit eine deutliche Verbesserung des Herzleidens, sollte sie aber unbedingt – das hat die Praxis gezeigt – bis zu 9 Monate durchführen.

24. Juli

Namenstage: Christophorus, Christina, Sieglinde

Gedanken zum Tag: „Du dienst einem Götzen, wenn du immer nur deinen Lüsten nachlebst.
Dein Verhalten gleicht dann mehr einer toten Kreatur als einem Lebewesen. Auf der Bahn wahnhafter Widersprüchlichkeit schreitest du einher."

Herzschmerzen durch Rohkost

„... denn die schädlichen Säfte, die von der Leber fliehen, streben zur Milz und zum Herzen und machen diesen Organen zu schaffen ... Wenn ein Mensch rohes Gemüse oder andere rohe Speisen zu sich genommen hat, die weder auf dem Feuer noch mit irgendeinem Gewürz zubereitet wurden, können sie in seinem Magen nicht leicht gar werden ... und so senden sie auch einen schädlichen Brodem zur Milz. Dadurch wird diese aufgebläht, schwillt an und wird wund. Durch ihre schmerzhafte Schwellung bereitet sie auch dem Herzen Schmerzen ..."

Man sollte also nach Hildegard die Nahrungsmittel nie roh genießen. Salate, die mit Essig gebeizt werden, sind nicht mehr roh. Viele Herzpatienten haben ihr Herzleiden durch diese aufgeblähte Milz, deren Ursache oft Rohkost ist.

25. Juli

Namenstage: Jakobus, Apostel, Thomas von Kempen

Gedanken zum Tag: „Gott hat den Menschen nicht durch seine Macht befreit, sondern durch seine Barmherzigkeit, als er seinen Sohn zur Erlösung der Menschen in die Welt sandte.“

Die Elfenbeinlatwerge nach Vergiftungen und Umweltgiften

„Und ein Mensch, der in der Brust oder im Herzen oder in der Milz oder im Magen Schmerzen leidet, oder der Gelbsucht hat, der pulverisiere Muskatnuß und Süßholz in gleichem Gewicht, und er schabe Elefantenknochen, und er mische zweimal soviel von diesem Pulver mit dem vorgenannten Latwerge, und er esse oft davon nüchtern und nach dem Essen, und es wird besser gehen.“

Dieses Elfenbeinlatwerge hat sich bestens bei Herz-, Magen- und Darmbeschwerden durch Vergiftungen, besonders bei Amalgamvergiftungen, bewährt. Wenn Sie also ein Schmuckstück oder eine Figur aus Elfenbein besitzen, sollten Sie davon etwas feinschaben oder raspeln oder aber Ihrem Hildegard-Apotheker vorbeibringen, damit er es für Ihre Latwerge benutzen kann.

26. Juli

Namenstage: Joachim und Anna, Gloriosa

Gedanken zum Tag: „Mitten im Weltenbau steht der Mensch."

Der Zusammenhang zwischen großer sommerlicher Hitze und den verschiedenen Nahrungsmitteln

„Ißt ein Mensch im Sommer, wenn er innerlich sehr warm ist, sehr kalte Speisen, löst er leicht die Gicht in sich aus. Ißt er aber sehr warme Speisen, wenn er im Sommer innerlich sehr warm ist, bildet er in sich das Phlegma. Daher soll der Mensch im Sommer mäßig warme und kalte Speisen zu sich nehmen, und diese verschaffen ihm gutes Blut und gesundes Fleisch. Wenn der Mensch im Sommer, wenn er innerlich sehr warm ist, viel ißt, wird sein Blut infolge des vielen Essens übermäßig warm, die Säfte verschlechtern sich und das Fleisch seines Körpers schwillt an, und wird unnatürlich aufgetrieben, weil dann die Luft zu warm ist. wenn er dann nur mäßig ißt, schadet es ihm nicht, sondern er bleibt gesund."

Im Sommer also nur mäßig viel lauwarme bis warme Speisen zu sich nehmen, damit der Körper bei Kräften bleibt.

27. Juli

Namenstage: Berthold, Pantaleon

Gedanken zum Tag: „Das Blut, welches den Menschen durchströmt und erwärmt, stellt den Heiligen Geist dar; er weckt und entzündet in den Menschen die herrlichsten Tugenden."

Das Rosenblätterauflagen gegen Triefaugen und Augentränen

„Die Rose ist kalt und diese Kälte hat eine nützliche Mischung in sich. Am frühen Morgen oder wenn der Tag schon angebrochen ist, nimm ein Rosenblatt, lege es auf deine Augen. Es zieht den Saft, das ist das Triefen, heraus und macht sie klar. Aber auch wer etwas Geschwüre an seinem Körper hat, lege Rosenblätter darauf und es zieht ihnen den Schleim heraus."

Möglichst ein taufrisches Rosenblatt (Blütenblatt oder grünes Blatt) von nicht zu sehr gezüchteten Rosen auf das Auge legen oder mit einem Verband befestigen und das tränende Auge wird klar.

28. Juli

Namenstage: Beatus und Bantus, Innozenz

Gedanken zum Tag: „Der Glaube muß auch in diesem sterblichen Leben rein und heilig gehalten werden, wo das Elend die Menschen nicht verläßt."

Die Rosenblütentee und Rosenbowle

„... aber die Rose ist auch gut zu Tränken ... wenn sie ihnen beigefügt wird ... und sie sind um so besser, wenn ihnen etwas von der Rose beigefügt wird ..."

Brühen Sie Ihren Tee immer mit Rosenblüten auf, Sie verfeinern somit den Geschmack und verbessern seine Heilkraft.
Rezept: 10–15 Stück Rosenblüten einer duftenden Sorte in ein Bowlengefäß geben. Darüber 4cl Cognac oder Weinbrand und ½ Flasche Weißwein gießen, umrühren und zwei Stunden zugedeckt ziehen lassen. Die Flüssigkeit dann langsam durch eine Filtertüte gießen und die restliche ½ Flasche Weißwein, 1 Flasche Roséwein oder einen leichten Rotwein und ½ Flasche Sekt zugießen.

29. Juli

Namenstage: Martha, Flora, Ladislaus

Gedanken zum Tag: „Wer mich nämlich ergreift und sich mir tief und gläubig verbindet, wird nie der Verwerfung anheimfallen."

Die Edelsteine – Der Onyx

„Aber auch wer Schmerz im Herzen oder in der Seite empfindet, der erwärme den Onyx in seinen Händen oder an der Haut seines Körpers, und er erwärme auch wiederum Wein am Feuer mittels eines Gefäßes, und dann nehme er das Gefäß vom Feuer und halte den Onyx über jenen dampfenden Wein, damit der von ihm austretende Schweiß sich mit jenem Wein vermische, und dann lege er ihn in den warmen Wein, und das trinke sogleich so, und die Wärme des Herzens und der Seite wird weichen."

Man erwärmt den Onyx in der Hand und gleichzeitig ein Glas Wein auf dem Herd, bis dieser stark dampft. Über diesen dampfenden Wein hält man wenige Minuten den handgewärmten Onyx und gibt ihn dann für fünf Minuten in den warmen Wein. Diesen Onyxwein warm trinken und er beseitigt jene Herzschmerzen und -krämpfe, die durch Wetterwechsel hervorgerufen werden.

30. Juli

Namenstage: Ingeborg, Rufinus

Gedanken zum Tag: „Wenn der Mensch ein böses Werk mit Wissen der Seele ausführt, dann ist das für die Seele so bitter wie ein Gift für den Leib, wenn der Leib es aufnimmt."

Der Galgantwein gegen Rückenschmerzen

„Und wer im Rücken oder in der Seite wegen üblen Säften Schmerzen hat, der siede Galgant in Wein und trinke ihn oft warm, und der Schmerz wird aufhören …"

Man nimmt etwa 1 Teel. geschnittene Galgantwurzeln, die man in ca. ¼ l Wein einige Minuten kocht, abseiht und dann tagsüber schluckweise warm trinkt.
Dieser Wein hat schon oft prompt geholfen. Bei langjähren Rückenschmerzen durch Verkrampfungen und Verspannungen sollte man noch zusätzlich die Weizenpackung (siehe 29. Dezember) anwenden.

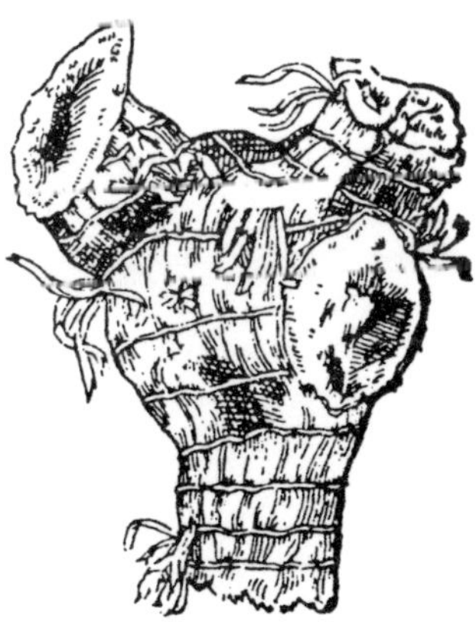

31. Juli

Namenstage: Ignatius von Loyola, Germanus

Gedanken zum Tag: „Würdige dich, uns zu Hilfe zu kommen durch diesen deinen heiligen Namen."

Der Hanf als Heilmittel und als Verbandmaterial

„Der Hanf ist warm, und wenn die Luft weder sehr warm noch sehr kalt ist, wächst er, und so ist auch seine Natur, und sein Same enthält Heilkraft, und er ist für gesunde Menschen heilsam zu essen, und in ihrem Magen ist er leicht und nützlich, so daß er den Schleim einigermaßen aus dem Magen wegschafft und er kann leicht verdaut werden, und er vermindert die üblen Säfte, und macht die guten Säfte stark… Ein aus Hanf gefertigtes Tuch ist gut zum Verbinden der Geschwüre und Wunden, weil die Wärme in ihm mäßig ist…"

Man sollte als Verbandmaterial Tücher aus Hanf benützen, weil die Wärme des Hanfes zur Heilung von Wunden beiträgt.

August

Der achte Monat

„Dieser Monat hat eine gewisse Kraft und Lebensfreude
aber auch Gegensätzlichkeit in sich: auf der
einen Seite die sengende Sonne, auf der anderen Seite
schreckliche Gewitter. So auch der Mensch,
der in diesem Monat geboren wurde. Dieses kraftvolle
Geschöpf, das durch die Werke seiner Hände
zu großer Ruhe gelangen kann.
Er muß jedoch auf seinen leidenschaftlichen Weg und
nach schweren Gewittern den Glauben
nicht aus den Augen verlieren, damit er durch
Nachdenken und Reue seine kämpferische Existenz für
gute Werke und Tugenden einsetzen kann.“

1. August

Namenstage: Alfons von Ligouri, Petrus Faber

Gedanken zum Tag: „Das Gesetz ist zum Heil des Menschen gegeben und die Propheten machen die verborgenen Dinge Gottes sinnfällig."

Die Rebtropfen gegen beginnende Sehschäden

„Die Weinrebe hat feurige Wärme. Wenn jemand trübe Augen hat, dann bestreiche er mit den Tropfen, die aus der Rebe beim Abschneiden des Schoßes fließen, seine Lider und lasse auch etwas ins Auge eindringen. Und das tue er oft, und das macht die Augen ohne Zweifel klar."

Mit diesen Rebtropfen, selbst hergestellt oder aus der Hildegard-Apotheke, werden oft die Augenlider befeuchtet und 2 x am Tag 1 Tropfen ins Auge geträufelt. Danach werden die Augen klarer.

2. August

Namenstage: Eusebius, Gundekar

Gedanken zum Tag: „Weil die Seele des Menschen von Gott stammt, sieht sie manchmal Wahres und Zukünftiges."

Die Lebensregeln – Schlafen und Wachen

„Wenn der Mensch schläft, dann erholt sich sein Mark... Wenn jemand mäßig lang schläft, wird er dadurch gesund bleiben... Es kommt aber oft vor, daß ein Mensch wach ist und nicht schlafen kann, wenn sein Geist durch verschiedene Gedanken und Umstände und Probleme beschäftigt ist oder in großer Freude gefangen... Der Mensch soll nicht gleich nach dem Essen schlafen..."

Hildegard mahnt uns hier, die Nacht nicht zum Tag zu machen, also genügend Schlaf zu finden, zur Regeneration unserer überstrapazierten Nerven. Sie erklärt aber auch die allabendliche Psychohygiene, den Tag nochmals zu überblicken, sich mit den Menschen zuversöhnen, mit denen man an diesem Tag nicht in Harmonie war und dann bewußt den Tag loszulassen. Nur so ist ein erholsamer Schlaf garantiert.

3. August

Namenstage: Lydia, Benno

Gedanken zum Tag: „Daher gelangen die, welche Gesetze nach ihrem Herzen machen und dabei nicht nach meinem Willen fragen, dadurch eher zum Abfall als zum Fortschritt …"

Die Edelsteine – Die Perlen

„… und sie taugen nicht zum Nutzen der Heilkunde, weil sie den Menschen mehr Krankheit als Gesundheit bringen. Denn wenn ein Mensch (ein Perlchen) in seinen Mund nähme, würde er sich beinahe solche Krankheiten zuziehen und so krank werden, wie wenn er Gift genommen hätte. Und wenn er sie auch an seine Haut legte, so daß sein Fleisch von ihnen warm würde, würde er das Gift aus ihnen in sich ziehen, und auf diese Weise würde er krank und Schmerzen leiden …"

Hildegard warnt also vor dem Tragen von Perlen, weil sie den Träger krank machen. Vielleicht kommt daher der Ausspruch „Perlen bedeuten Tränen.".

4. August

Namenstage: Johannes Maria Vianney, Rainer

Gedanken zum Tag: „Im Kampf gegen mich vollbringe ich Gutes, Böses aber wirkt die Begierde …"

Der Wein und der Essig gegen Blasenschwäche und bei Bettnässen

„Wenn jemand den Harn wegen der Kälte des Magens nicht halten kann, soll er oft am Feuer erwärmten Wein trinken. Und alle seine Speisen vermische er mit Essig und den Essig, wie immer er kann, trinke er oft."

Bei Blasenschwäche, die von einem kalten Magen herrührt, sollte man häufig warmen Wein trinken und an alle möglichen Speisen Essig tun. Auch ein Glas (Wein-)Essigwasser täglich getrunken, wirkt hier wahre Wunder.

5. August

Namenstage: Oswald, Dominika

Gedanken zum Tag: „In der liebenden Umfassung der Tugenden erlangen die guten Werke eine solche Weite und Breite, daß ihre letzte Auswirkung die Fassungskraft des menschlichen Herzens übersteigt."

Der Beifuß

„Der Beifuß ist sehr warm, und sein Saft sehr nützlich, und wenn er gekocht wird und in Mus gegessen, heilt er kranke Eingeweide und wärmt den kranken Magen. Aber wenn jemand ißt und trinkt und davon Schmerzen leidet, dann koche er mit Fleisch oder mit Fett oder in Mus oder in einer anderen Würze und Gemisch den Beifuß und esse ihn, und diese Fäulnis, die der Kranke sich durch frühere Speisen und Getränke zugezogen hat, nimmt er weg und vertreibt sie."

Der Beifuß, den man überall als Gewürz kaufen kann, und der an vielen Plätzen in Feld und Flur wächst , ist das ideale Fleischgewürz. Er ist heilsam, wenn man zu viel gegessen hat, bei Diätfehlern und bei kaltem Magen (Gastritis etc.), da er den Schmerz beseitigt und den Magen reinigt.

6. August

Verklärung des Herrn

Namenstage: Gilbert

Gedanken zum Tag: „Und dieses Wort zog Fleisch an in jener Gestalt, wie sie von Adam her stammte."

Gebet – Gehorsam

„Denn von dir bin ich ausgegangen,
bin erwachsen aus dir
und will keinen anderen Gott. Dir gehorchen,
das gibt mir Halt."

7. August

Namenstage: Sixtus, Kajetan, Afra

Gedanken zum Tag: „Die mich aber nicht aufnehmen wollen, schleudere ich von mir."

Das Hirschzungenpulver bei starken Schmerzen

„... Und dörre sachte wiederum Hirschzunge in der heißen Sonne oder auf einem warmen Ziegelstein, und pulverisiere sie oft und lecke dieses Pulver nüchtern und nach dem Essen oft aus deiner Hand, und es nimmt den Schmerz im Kopf und in der Brust und dämpft andere Schmerzen, die in deinem Körper sind. Aber auch ein Mensch, der wegen irgendeines Schmerzes heftig und plötzlich schwach wird, der trinke sogleich von diesem Pulver in warmen Wein."

8. August

Namenstage: Dominikus, Cyriakus

Gedanken zum Tag: „Der Heilige Geist teilt den Menschen in himmlischer Kraft die verschiedenen Strahlen seiner Gaben zu ..."

Der Wermutsaft mit Wein gemischt bei starken Kopfschmerzen

„Der Wermut ist sehr warm und sehr kräftig und ist der wichtigste Meister gegen alle Erschöpfungen. Denn von seinem Saft gieße genügend in warmen Wein, und den Kopf des Menschen, wenn er schmerzt, befeuchte ganz bis zu den Augen und bis zu den Ohren und bis zum Nacken, und dies sollst du abends tun, wenn du schlafen gehst und bedecke den ganzen Kopf mit einem wollenen Hut bis zum Morgen und es unterdrückt den Schmerz des geschwollenen Kopfes und den Schmerz, der sich im Kopf „erbulset" von der Gicht, und es vertreibt auch den inneren Kopfschmerz."

Man reibt mit diesem Wermut-Wein-Gemisch vor dem Schlafengehen Stirn, Schläfen bis hin zu den Ohren und dem Nacken ein und trägt darüber nachts eine Wollmütze.

9. August

Namenstage: Altmann, Hadumar, Edith Stein

Gedanken zum Tag: „Was nämlich von Gott kommt, bietet der Seele einen süßen und angenehmen Geschmack…"

Kräftespiel – Die Vergnügungssucht – Die Schamhaftigkeit

Die Vergnügungssucht: „Wieviel besser ist es sich zu verlustieren anstatt Trübsal zu blasen.… Würde ich vor meinen Mitmenschen nur Trauer tragen – sie würden mir aus dem Wege gehen. In lustigem Wirbel will ich mich drehen, damit alles mit mir seinen Spaß treibt… Mensch und Tier und Tier und Mensch…"

Die Schamhaftigkeit: „… Dein Wollen ist teils menschlich, teils viehisch.… Insgesamt gleichst du in deinem Verhalten aber mehr der toten Kreatur als einem Lebewesen, weil du nur nach dem hascht, wonach dein Sinn steht. Ich aber werde rot vor Scham bei alledem und finde meinen Schutz unter den Flügeln der Cherubim. In den Vorschriften der Schrift werden mir die Geheimnisse Gottes kund. In himmlischen Dingen bin ich lauter Leben,… und bekomme in ehrbarer Haltung nach Gottes Willen das zu sehen, wovor du in blinder Unwissenheit fliehst."

10. August

Namenstage: Laurentius

Gedanken zum Tag: „So kann auch kein Mensch vollkommen wissen, wie die Seele den Leib und das Blut des Menschen durchdringt so daß ein einziges Leben entsteht."

Die Schafgarbe – Ihre innerliche Anwendung

„Wer aber im Körperinnern eine Wunde erhielt, sei es, daß er durch Spieße verwundet oder daß er innerlich zusammengeschnürt wurde, der pulverisiere diese Schafgarbe, und er trinke jenes Pulver in warmen Wasser. Und wenn es ihm besser geht, dann nehme er dieses Pulver in warmen Wein, bis er geheilt wird."

Bei inneren Blutungen, inneren Verletzungen und nach Operationen gibt man Schafgarbenpulver zuerst in warmen Wasser zum Trinken. Sobald es dem Patienten etwas besser geht, er kein Fieber mehr hat, reicht man ihm Schafgarbenpulver in warmen Wein. Auch vor Operationen hat es sich bestens bewährt, Schafgarbe in Wein trinken, weil es damit zu einer besseren Wundheilung kommt. Auch Komplikationen wie Thrombosen, Nachblutungen etc. werden geringer, weil die Inhaltsstoffe der Schafgarbe entzündungshemmend, antibakteriell und krampflösend wirken.

11. August

Namenstage: Klara von Assisi, Philomena, Susanna,

Gedanken zum Tag: „In Adam verlor ich das Erbe der Kinder …"

Das Hirschzungenelixier für die Leber und die Lunge

„Hirschzunge ist warm und hilft der Leber und der Lunge und den schmerzenden Eingeweiden.… und mach so einen Klartrank und trinke ihn oft nach dem Essen und nüchtern, und es nützt der Leber und reinigt die Lunge und heilt die schmerzenden Eingeweide und nimmt die innere Fäulnis und den Schleim weg."

Wenn der Husten trotz vieler Behandlungen nicht weicht, ist oft die Leber dran schuld. Mit dem Hirschzungenelixier (aus der Hildegard-Apotheke) haben wir hier das richtige Heilmittel. Die ersten Tage trinkt man nur nach jedem Essen ein Likörglas voll, dann für 6–8 Wochen 3 x täglich vor und nach dem Essen ein Likörglas voll und Leber und Lunge heilen aus.

12. August

Namenstage: Radegund, Karl Leisner

Gedanken zum Tag: „Die Seele ist himmlischen Ursprungs und vergißt dies nie."

Die Bohnen als Heilmittel

„Die Bohne ist warm... Das Bohnenmehl ist gut und nützlich für den kranken und den gesunden Menschen, weil es leicht ist und mühelos verdaut werden kann."

Bohnen haben neben dem Dinkel einen hohen pflanzlichen Eiweißanteil, sättigen langanhaltend, sind leicht verdaulich und enthalten kein Cholesterin.

13. August

Namenstage: Kassian, Hariolf, Johannes Berchmans

Gedanken zum Tag: „Vernichtet hast du den Tod und das Leben erbaut."

Bohnensalat mit Dinkelkörnern

Kochrezept: Weichgekochte Bohnen und gekochte Dinkelkörner mit einer Salatsauce aus Essig, Sonnenblumenöl, etwas Galgant und Bertram, Zucker, Salz, Bohnenkraut, zerdrückten Knoblauchzehen und gedünsteten Zwiebelringen anmachen. Mit frischer Petersilie bestreut servieren. Ein hochwertiges, eiweißreiches Gericht!

14. August

Namenstage: Maximilian Kolbe, Werenfried

Gedanken zum Tag: „Denn Gott erschuf den Menschen nach eigenem Wunsch zu jener Würde, die sich am Leib seines ewigen Leben vollendet, wenn der verlorene Mensch – durch die heilbringende Gnade in Gott erlöst – wieder zu einem würdigen Leben erwacht."

Die Bachminze – ein Hildegard-Gewürz

„Die Bachminze ist warm, aber doch etwas kalt, und kann mäßig gegessen werden und gegessen nützt sie dem Menschen nicht und schadet ihm auch nicht viel. Wenn sein Magen von vielen Speisen und Getränken beschwert wird und er daher dämpfig ist, dann esse er oft Bachminze roh oder gekocht mit Fleisch oder in Suppen oder in Mus gekocht, und die Dämpfigkeit wird weichen, weil sie die fetten und warmen Eingeweide und seinen Speck etwas abkühlt und so die Dämpfigkeit gemindert wird."

Die Bachminze, als Gewürz im Reformhaus und in der Hildegard-Apotheke erhältlich, sollte bei dicken Menschen mit Verdauungsproblemen ein Standartgewürz für Fleischgerichte und Suppen werden. Sie fördert die Verdauung und den Stoffwechsel.

15. August

Hochfest Mariä Aufnahme in den Himmel

Namenstag: Tarsitius

Gedanken zum Tag: „Deshalb ertönen die himmlischen Harfen und staunt darüber die ganze Erde, wie sehr dich doch Gott geliebt hat – sei gelobt, o Maria."

Die Edelsteine – Der Prasem

„Wer brennendes Fieber hat, der wickle den Prasem in etwas Teig von Roggenbrot und den so eingewickelten binde er in ein Tuch, und so lasse er ihn gebunden für drei Tage und Nächte über seinem Nabel und das Fieber wird von ihm weichen."
Da Hildegard vom brennenden Fieber spricht, wäre hier auch an Sonnenbrand oder Sonnenallergie zu denken.

16. August

Namenstage: Stefan von Ungarn, Altfrid, Rochus

Gedanken zum Tag: „Glücklich ist daher, wer auf Gott vertraut."

Die Kichererbse

„Die Kichererbse ist warm und angenehm und leicht zu essen …"
Die Kichererbse, eine Hülsenfrucht, enthält lösliche Faserstoffe, die den Cholesterinspiegel senken.

17. August

Namenstage: Hyazinth, Gudrun

Gedanken zum Tag: „Die Luft wird vom Wind in Bewegung gesetzt und der Wind von der Luft umschlossen…"

Der Knoblauch und die Zwiebeln

„…Der Knoblauch ist für Gesunde und Kranke heilsamer zu essen als der Lauch. Und er muß roh gegessen werden… weil sein Saft gemäßigt ist und die rechte Wärme hat. Er soll mäßig gegessen werden, damit das Blut im Menschen nicht übermäßig erwärmt werde…"

„Die Zwiebel hat nicht die rechte Wärme, sondern scharfe Feuchtigkeit… Sie ist roh gegessen schädlich und giftig wie der Saft unnützer Kräuter. Gekocht aber ist sie gesund zu essen, weil durch das Feuer das Schädliche in ihr gemindert wird.… Jenen aber, die magenkrank sind, bereitet sie sowohl roh wie auch gekocht Schmerzen…"

Der Knoblauch roh oder gekocht senkt den Cholesterinspiegel und wirkt gut gegen Arteriosklerose. Zwiebeln hingegen dürfen nur gekocht oder gebraten verzehrt werden und sollten grundsätzlich von Magenschwachen gemieden werden!

18. August

Namenstage: Helena, Claudia

Gedanken zum Tag: „Lerne die Wunden durch die Barmherzigkeit zu heilen, wie auch der höchste Arzt ein heilsames Beispiel hinterließ."

Die Eberwurz (Byverwurtz) – ein Universalmittel

„Die Eberwurz ist warm und etwas kalt. Pulverisiere daher die Wurzel und die Blätter der Eberwurz und soviel wie die Hälfte davon wiegt, soviel Bertrampulver und soviel Zimtpulver gebe der Kranke bei und mische es. Und das auf diese Weise gemischte Pulver nimm täglich entweder mit Brot oder mit warmen Wein, oder iß es in Suppen, oder trinke es in warmen Wein und du wirst keine große oder lange Krankheit haben bis zu diesem Tod. Und kein Mensch meide dieses so bereitete Pulver, weil er, wenn er gesund ist, und dieses Pulver täglich ißt, nicht lange krank im Bett liegen wird. Und wer krank ist und es ißt, wird gesund werden."

Ein sehr viel versprechendes Heilmittel. Außerdem ein Mittel, das wieder Körper und Seele mit einschließt, wie auch die Gewürze Zimt (= stärkend, stimmungsaufhellend) und Bertram (= reinigend, aufbauend).

19. August

Namenstage: Johannes Eudes, Sebald

Gedanken zum Tag: „Der Geist aber nimmt in Zucht das Wollen und Wünschen."

Der Pfeffer

„Der Pfeffer ist sehr warm und trocken und hat ein gewisses Verderben in sich und schadet, viel gegessen, dem Menschen und verursacht in ihm Brustfellentzündung, und er gibt die Säfte in ihm preis und bereitet üble Säfte in ihm."

Da der Pfeffer die Säfte durcheinanderbringt, was wiederum verschiedene Säftekrankheiten verstärkt (z. B. Gicht, Rheuma), sollte man lieber mit Kräutern oder Galgant würzen.

20. August

Namenstage: Bernhard von Clairvaux, Samuel

Gedanken zum Tag: „Mich tröstet und stärkt deine Gnade."

Gebet – Vertrauen im Unglück

„Ach, ich unglückseliger Mensch,
einst ein lebendiger Hauch,
bin ich vom Gestank der Sünde umgeben;
ich kann nicht mehr froh zum Himmel blicken …
Doch will ich vertrauen auf dich, meinen Gott,
daß ich durch wahre Buße
von den verdienten höllischen Qualen aus Erbarmen
befreit werden kann."

21. August

Namenstage: Pius X., Balduin

Gedanken zum Tag: „Belehre mich mit dem Hauch des Heiligen Geistes, daß reines Wasser aus mir sich ergieße …"

Das Olivenöl gegen Krämpfe

„Wenn ein Krampf einem Menschen irgendwo an seinem Körper zu schaffen macht, soll er Olivenöl nehmen und sich damit an der Stelle, wo es weh tut, fest einreiben oder, falls er Olivenöl nicht zur Verfügung hat, mit einer anderen wertvollen Salbe …"

Olivenöl mit einigen Tropfen Rosenöl vermischt hat sich besonders bei Säuglingen und Kleinkindern, die von Bauchkrämpfen geplagt werden, bewährt. Am besten reibt man es kräftig in den gesamten Bauchbereich ein.

22. August

Fest Maria Königin

Namenstag: Siegfried

Gedanken zum Tag: „O Maria, strahlend weiß bist du gleich einer Lilie, weil Gott dir schon vor aller Kreatur ins Antlitz schaute…"

Die Hainbuchenspäne gegen Muttermale und Feuermale

„Und wenn einer üble Flecken an seinem Körper hat, schneide von dem Holz unter der Rinde einen Span und wärme ihn am Feuer, und lege ihn warm auf die Mäler, das heißt die Flecken, und sie werden verschwinden."

Diese Hainbuchenspäne auf dem Herd oder Grill erwärmen und mit einem Verband auf die Flecken fixieren.

23. August

Namenstage: Rosa von Lima, Richildis

Gedanken zum Tag: „Gott ordnet alles gerecht und offenbart in Gerechtigkeit die verschiedene Gaben des Heiligen Geistes …“

Die Schafgarbe bei Wunden und Verletzungen

„Die Schafgarbe ist etwas warm und trocken, und sie hat gesonderte und feine Kräfte für Wunden. Denn wenn ein Mensch durch einen Schlag verletzt wird, wäscht man nachher die Wunde mit Wein, und es soll in Wasser mäßig gekochte Schafgarbe, nachdem das Wasser mäßig ausgepreßt wurde, so warm über jenes Tuch leicht gebunden werden, das auf der Wunde liegt. Und so nimmt sie der Wunde die Fäulnis und die Schwären, das heißt das Geschwür, und sie heilt die Wunde. Und so geschehe es oft, solange es nötig ist. Aber nachdem die Wunde begonnen hat, sich ein wenig zusammenzuziehen und zu heilen, dann soll nach Wegwerfen des Tuches und ohne das Tuch die Schafgarbe auf die Wunde gelegt werden, und sie wird um so gesünder und vollkommener geheilt.“

Hier gibt uns Hildegard das Mittel für eine erstklassige Wundheilung.

24. August

Namenstag: Bartholomäus

Gedanken zum Tag: „O Retterin, die geboren dem Menschengeschlecht, das neue Licht ..."

Das Pfaffenhütchenwein gegen Wassersucht

„Und der Mensch, der die Wassersucht hat, ziehe die Rinde dieses Baumes ab und zünde sein Holz, das innen ist, am Feuer an, und davon mache er Asche ... und diese Asche lege, in ein Tuch gebunden, in reinen und guten Wein ... und dies trinke oft nüchtern und jene Krankheit in ihm verschwindet ..."

Wir haben hier ein hochwirksames Mittel gegen die Wassersucht. Von dem selbst hergestellten oder aus der Hildegard-Apotheke bezogenen Pfaffenhütchenwein vor jeder Mahlzeit ein Gläschen trinken.

25. August

Namenstage: Ludwig, Elvira

Gedanken zum Tag: „Gruß sei dir, Augenstern der Keuschheit, Urgrund aller Heiligkeit, Gottes Wohlgefallen."

Die Wegerichtinktur gegen Insektenstiche

„Der Wegerich ist warm und trocken. Und wenn eine Spinne oder ein anderer Wurm einen Menschen berührt oder sticht, dann soll er sofort mit Wegerichsaft die Stichstelle salben und es wird ihm besser gehen."

Dieses Mittel wirkt prompt. Sowohl die Schmerzen werden besser, als auch die Schwellung oder Entzündung geht zurück. Ein wahres Wundermittel, wenn Kinder von Bienen gestochen werden. Man nimmt frische Spitz- oder Breitwegerichblätter, zerreibt sie schnell und gibt den austretenden Saft auf die Stich- oder Bißstelle. Man kann Wegerichtinktur auch in der Apotheke beziehen.

26. August

Namenstage: Gregor, Wufila

Gedanken zum Tag: „Wie Verkäufer werfen sie ihr gutes Gewissen weg und wie Käufer ziehen sie sich Wunden für ihre Seele zu …“

Die Odermennigpillen

„… Um von Speichel, Rachen- und Nasenschleim gereinigt zu werden, nehme man Odermennig … und forme daraus Pillen von der Größe einer Bohne … und trockne sie an der Sonne … wenn man diese Pillen nehmen will, soll man seinen Bauch warm halten.“

Odermennigpillen (aus der Hildegard-Apotheke) werden kurmäßig bei starke Verschleimung im Nasen-Rachenraum und bei Stirn-, Neben- und Kieferhöhlenentzündung genommen. Man nimmt morgens nüchtern, noch im Bett liegend (wegen der Wärme!) ca. 5 Stück und läßt sie langsam im Mund zergehen. Sie reinigen die Schleimhäute von allem Schleim. Um die Verschleimung richtig auszukurieren, sollte man dies ca. 2–3 Wochen so machen. Wegen der besseren Wirkung ist es angesagt, erst 2–3 Stunden nach der Einnahme der Pillen nur leicht zu frühstücken oder ein leichtes Mittagessen zu sich zu nehmen.

27. August

Namenstage: Monika, Cäsarius

Gedanken zum Tag: „Manche aber erkennen Gott, tragen den Schatz des guten Willens und den Duft der Tugenden…“

Da Eibenholz bei Heuschnupfen und Asthma

„Denn wenn jemand in seiner Nase und in seiner Brust von üblen Säften ein Gebrechen hat, nehme er den Rauch dieses Holzes in seine Nase und in seinen Mund auf, und so werden jene üblen Säfte sanft und angenehm gelöst werden und verschwinden ohne Gefahr für seinen Leib.“

Eibenholz verbrennen und den Rauch einatmen oder Eibenholzspäne in einer Tonschale auf der Herdplatte erhitzen, bis sie rauchen. Diese Behandlung sollte einmal täglich über einige Wochen durchgeführt werden.

28. August

Namenstage: Augustinus, Elmar

Gedanken zum Tag: „Gott ist unfaßlich in allem und über alles und von ungeheurer Höhe…"

Verschiedene Grippemittel aus der Hildegard-Apotheke

Die Andorn-Königskerzen-Mischkräuter

„Nimm Fenchel und Dill von gleichem Gewicht, füge ein Drittel Andorn hinzu und koche es zusammen mit Wein. Siebe es durch ein feines Tuch, trinke es und der Husten wird weichen."

2 Eßl. Grippekräuter in ½ l Wein 5 Minuten kochen lassen und warm über den Tag verteilt trinken.

Das Tannenholz

„…Wenn der Rotz reichlich aus der Nase fließt, soll man den Rauch von Tannenholz durch die Nase inhalieren und der Rotz wird sich leichter lösen und nachlassen…"

Das Wermutöl

„Und der Wermutsaft werde auch in Olivenöl gegossen… und wenn irgendein Mensch um die Brust Schmerzen leidet und infolgedessen hustet, dann werde er damit gesalbt…"

29. August

Namenstag: Sabina

Gedanken zum Tag: „Mich tröstet und stärkt deine Gnade."

Heilmittel gegen Grippe

Das Pellargonienmischpulver

„Wer Schnupfen hat, halte dieses Pulver an die Nase und ziehe nur den Duft davon ein... und der Schnupfen löst sich und vergeht"

Bei Stockschnupfen einfach etwas Grippepulver auf eine geruchsfreie Unterlage geben und daran oft riechen.

Warmer Wein

„... und wer in der Brust leidet oder wer in der Kehle leidet... trinke dieses Pulver in warmen Wein..."

Warmer Wein mit Grippepulver hilft bei allgemeinen Grippezuständen rasch und wirksam.

Grippepulver

„... Wer Kopfschmerz hat, esse dieses Pulver mit hellem Salz auf Brot..."

Bei Grippekopfschmerz etwas Grippepulver mit Salz auf Brot gegessen; es hilft prompt.

„Wer im Herzen mit Schmerzen geplagt wird, esse dieses Pulver mit Brot oder durch Auflecken aus der Hand."

Bei Grippeherzschmerzen anzuwenden!

30. August

Namenstage: Amadeus, Amaltraud

Gedanken zum Tag: „So handle der Mensch: Er nähere sich Gott durch das ihm von ihm aufgestellte Gesetz und er wird ihn finden."

Die Edelsteine – Der Prasem

„Aber auch wer bei einem Fall oder Stich irgendwo an seinem Körper verletzt ist, der nehme altes Fett und mische Salbei und Rainfarn in gleichem Gewicht dazu, und da hinein drücke er den Prasem. Und dann wärme er das so an der Sonne oder am Feuer, und dann lege er das alles mit diesem Stein vermischt so warm auf der Stelle, wo es schmerzt, und es wird ihm besser gehen ..."

Man gibt in ca. 50 g altes Fett, eine Handvoll frischen Salbei und frischen Rainfarn kleingeschnitten hinzu und drückt in diese Salbe einen Prasem. Diese Salbe wird nun an der Sonne oder am Feuer (Holzofengrill) erwärmt und mit dem Stein auf die schmerzende Stelle aufgelegt. Diese Salbe sollte bei stark schmerzenden Verletzungen, Prellungen, Blutergüssen immer zur Hand sein.

31. August

Namenstag: Paulinus

Gedanken zum Tag: „Feuersbrunst böser Verführung erreicht jene, die sich mit irdischen Angelegenheiten abgeben."

Die Pilze

„Die Pilze, die über der Erde entstehen, welcher Art sie auch seien, sind wie Schaum und Erdschweiß, und dem Menschen, der sie ißt, schaden sie etwas, weil sie Schleim und Schaum in ihm verursachen. Und die Pilze, die in feuchter Luft und feuchter Erde entstehen, sind weder vollkommen warm noch vollkommen kalt, sondern lau und wenn der Mensch sie ißt, wecken sie einen üblen Saft in ihm auf... Die Pilze aber, die auf gewissen Bäumen, stehenden oder liegenden, entstehen, sind einigermaßen gut zur Speise des Menschen wie gewisse Gartenkräutlein und den, der sie ißt, schädigen sie weniger und bisweilen taugen sie sogar zu Heilmitteln."

Pilze, so meint Hildegard, bringen dem Menschen viel Unrat und Schleim aus der Erde in den Körper und sollten deshalb nicht verzehrt werden. Nur einige Pilze, die an Bäumen wachsen, können ohne Schaden gegessen werden. Dazu gehören u. a. jene Pilze, die an Buchen wachsen.

September

Der neunte Monat

„In diesem Monat finden wir die Reifezeit. Es entfallen die schrecklichen Gewitter und wir finden eine festgesetzte Mischung aus Kälte und Wärme.
Es ist eine Jahreszeit, wo der Wohlstand sichtbar wird, die Natur lädt zur Ernte ein. So auch der Mensch, der in diesem Monat geboren wurde.
Er geht von Natur aus jedem Streit, aber auch Überschwenglichkeiten aus dem Weg, ein eher ausgeglichener Typ, dessen besonderer Charakterzug die Geduld ist. Diese Tugend ist es auch, die immer wieder das Seelenleben dieses Menschen stabilisiert und ihm eine gewisse Richtung im Leben vorgibt."

1. September

Namenstage: Verena, Ägidius, Ruth

Gedanken zum Tag: „Gott hat alles erschaffen und den Menschen zu jener Herrlichkeit berufen, aus der der verlorene Engel mit seinem Anhang verstoßen wurde…“

Den Stoffwechsel anregen statt Abführmittel einnehmen

„…(abführende) Getränke, die den Magen reinigen, nützen den Menschen nicht… Und wenn die schlechten Säfte im Menschen überhand nehmen, dann bilden sie manchmal in ihm einen nebligen Qualm… dieser breitet sich in seinen Eingeweiden aus, bringt die übrigen Krankheitserreger in Bewegung und läßt die aufgenommene Nahrung weder durch den richtigen, natürlichen Eingang in den Magen gelangen noch durch den richtigen, natürlichen Ausgang austreten…“

Abführmittel einnehmen geht schnell und erleichtert vorerst, aber die Ursache für die schlechte bis ungenügende Verdauung wurde damit nicht berücksichtigt. Also lieber verdauungsfördernde Nahrungsmittel und Gewürze einsetzen und damit das Übel an der Wurzel packen.

2. September

Namenstage: Apollinaris, Wofsind, Ingrid

Gedanken zum Tag: „Einige aber sind träge zu guten Werken, ersticken wie die Verkäufer durch die Lauheit ihres Herzens das himmlische Verlangen in sich und nähren die Lüsternheit ihres Fleisches, indem sie sie gleichsam kaufen ..“

Der Hopfen

„Der Hopfen ist warm und trocken, und er hat etwas Feuchtigkeit, und zum Nutzen des Menschen ist er nicht sehr brauchbar, weil er bewirkt, daß die Melancholie im Menschen zunimmt, und den Sinn des Menschen macht er traurig und er beschwert seine Eingeweide. Jedoch mit seiner Bitterkeit hält er gewisse Fäulnisse von den Getränken fern, denen er beigegeben wird, so daß sie um so haltbarer sind.“

Nach Hildegard ist der Hopfen nur zur Haltbarkeit des Bieres brauchbar, denn den Menschen selbst macht er betrübt und melancholisch. Daher sollten depressive Menschen lieber zu einem Glas Wein greifen und wer doch lieber beim Bier bleiben will, sollte auch hier stets an das rechte Maß denken.

3. September

Namenstage: Gregor der Große, Remaklus

Gedanken zum Tag: „Was Gott nicht geschaffen hat, kann nicht bestehen …"

Die Edelsteine – Der Sarder

„Und wer durch irgendeine Krankheit schwerhörig ist, der tauche den Stein in reinen Wein, und er lege ihn feucht in ein dünnes Leinentuch und stecke ihn in das taube Ohr, und er lege dünnes Werg außen auf jenes Tuch, und seine Wärme wird in das Ohr eindringen. Und das tue er oft, und er wird das Gehör wieder erlangen."

Bei Gehörschwäche oder Schwerhörigkeit nach Krankheiten (wie zum Beispiel Scharlach, Gürtelrose, Hirnhautentzündung) wird ein Sarder in Wein getaucht und noch feucht in ein Leinentuch gelegt. Dieses steckt man nun ins Ohr und verschließ das Ganze mit Watte. Diese Anwendung muß mehrmals täglich wiederholt werden, und zwar so lange, bis es zur Genesung kommt. Es empfiehlt sich, eine Sarderolive zu verwenden, da diese besser ins Ohr gesteckt werden kann.

4. September

Namenstage: Suitbert, Ida, Iris, Irmgard, Rosalia

Gedanken zum Tag: „In den Guten errichtet der rechte Sinn und gerechtes Denken einen himmlischen Bau …"

Die Obst- und Gemüseernte

„… alles Obst und Gemüse, das bei zunehmendem Mond geerntet wird und das Fleisch vom Vieh, das zu dieser Zeit geschlachtet wird, hat einen größeren Nährwert, weil es dann voll Saft und Blut ist … Eine Ausnahme macht man dann, wenn es länger halten soll … dann das Gemüse und das Obst zu ernten und das Vieh zu schlachten, wenn der Mond abnimmt, damit es sich um so länger halten kann …"

Die Regel nach Hildegard ist:

- Obst und Gemüse, das gelagert werden soll, bei abnehmendem Mond ernten.
- Obst und Gemüse, das gleich weiterverarbeitet wird, bei zunehmendem Mond ernten.
- Saatgut für Gemüse bei abnehmendem Mond ernten.
- Saatgut für Gewürze und Salat bei zunehmendem Mond ernten.

5. September

Namenstage: Maria Theresia, Roswitha

Gedanken zum Tag: „Denn von dir bin ich ausgegangen, bin erwachsen aus dir …"

Die Getreideernte

„… Auch das Getreide, das bei zunehmendem Mond … abgemäht wird, bringt mehr Mehl, weil es … seine volle Ausgiebigkeit besitzt … Was jedoch bei abnehmendem Mond abgemäht wird, kann seine Kraft länger behalten … Getreide … bei zunehmendem Mond abgemäht, aber in die Erde ausgesät, schlägt schneller Wurzeln, wächst schneller zu Getreideähren heran und bringt rascher und mehr Stroh, jedoch weniger Ertrag, als wenn es bei abnehmendem Mond abgemäht wird."

- Getreide bei zunehmendem Mond geerntet bringt mehr Mehlertrag.
- Saatgut für ertragreiches Getreide bei abnehmendem Mond ernten.
- Saatgut für Stroh bei zunehmendem Mond ernten.
- Getreideernte bei abnehmendem Mond bringt längere Haltbarkeit von Korn und Mehl, aber weniger Ertrag.

6. September

Namenstage: Magnus, Gundolf

Gedanken zum Tag: „Was sollte ich mehr noch wünschen, dessen ich gar nicht bedarf?"

Die Poleiminze gegen Magenschmerzen, Gastritis, und Pilzerkrankungen

„...Die Polei hat angenehme Wärme und ist trotzdem feucht, und von den folgenden fünfzehn Kräutern hat sie eine Kraft in sich, nämlich Zitwer, Gewürznelke, Galgant, Ingwer, Basilienkraut, Beinwell, Lungenwurz, Osterluzei, Schafgarbe, Eberraute, Engelsüß, Odermennig, Stur, Storchenschnabel, Bachminze. Und diese Kräuter wirken allen Fiebern entgegen... Aber auch wer die Blätter der Polei roh oft mit Salz ißt, nämlich wenn man sie allein dem Fleisch beigibt, der wärmt den Magen, wenn er einen kalten Magen hat. Und auch wenn sein Magen voll von Gift, das ist Eiter, reinigt und heilt es ihn."

Man nimmt frische Poleiminzblätter oder Poleikrautpulver aus der Hildegard-Apotheke und ißt es mit Salz auf Brot.

7. September

Namenstage: Regina, Judith

Gedanken zum Tag: „O Seele, erschaffen nach Gottes Willen, warum nur bist du so schwach gegen das, was Gott in den Staub getreten hat?"

Die öligen Rebtropfen gegen Ohrenschmerzen

„... Wenn das Rebenschoß zuerst von der Rebe abgeschnitten wird, sind jene Tropfen, die dann von morgens mittags aus jenem Einschnitt fließen, gut und nützlich ... Daher soll der Mensch sie in ein Töpfchen auffangen und ihnen Olivenöl beigeben. Und wenn er Ohren- oder Kopfschmerzen hat, soll er sich damit salben und es wird ihm besser geben."

Diese Tropfen (auch in der Hildegard-Apotheke erhältlich) wirken meist prompt bei Ohrenschmerzen, vor allem aber bei Kindern mit Mittelohrentzündungen und/oder -vereiterungen. Man schüttelt das Fläschchen kurz und reibt dann die Tropfen um das schmerzende Ohr gut ein. Achtung: Von diesen Tropfen darf nichts ins Ohr gelangen!

8. September

Fest Maria Geburt

Namenstag: Hadrian

Gedanken zum Tag: „Es rausche auf, gleich einer Symphonie dein Lob, o Jungfrau, Gottesmutter – voll der Liebe –."

Das Schlehenaschenelexier bei Lähmungen

„Und ein Mensch, der gichtkrank ist... und so daß seine Glieder lahmen, der... trinke nüchtern mäßig, nach dem Essen aber nehme er genügend davon. Und das tue er oft und die Gicht wird von ihm weichen... und die Gesundheit der Glieder wird er wiedererlangen, weil dieser Trank besser als Gold ist."

9. September

Namenstage: Gorgonius, Orthold

Gedanken zum Tag: „Daher zielt meine Sehnsucht zum Himmel und seiner Harmonie..."

Kräftespiel – Die unangebrachte Lustigkeit – Die Sehnsucht nach Gott

Die unangebrachte Lustigkeit: „In mir finde ich das süße Leben und den prächtigen Weg."

Die Sehnsucht nach Gott: „Wie kannst du das blinde und stumme Leben schon für das richtige Leben halten?"

10. September

Namenstage: Pulcheria, Diethard

Gedanken zum Tag: „Du erkennest ihn nicht, noch siehst oder kostet du den, der dich ins Leben gerufen …"

Die Edelsteine – Der Sarder

„… Und daher ist er aus Luft und Wasser rein, und (er ist) in der guten Wärmemischung gut gemischt, und durch seine Kraft wendet er die Widerwärtigkeiten der Krankheit ab."

Also immer dann, wenn gerade eine Epidemie (Grippeepidemie etc.) um sich greift, einen Sarder bei sich tragen.

11. September

Namenstage: Felix und Regula, Maternus

Gedanken zum Tag: „Fürchte den Vater, liebe den Sohn und glühe im Heiligen Geist."

Verdauungsfördernde Nahrungsmittel

Der Dinkel: „... er ist milder als andere Getreidearten ..."
Besonders Dinkelkaffee und Dinkelkörner regen die Verdauung an.

Der Bertram: „... schickt er nichts unverdaut heraus, sondern bereitet ihm eine gute Verdauung ..."
Den Bertram in jedes Gericht, aber mäßig, nur als Gewürz.

Der Beifuß: „... und wenn er gekocht wird, heilt er kranke Eingeweide und wärmt den kranken Magen ..."
In Fleischgeriche, Suppen und Mus etwas Beifuß geben.

Die Melde: „... und gegessen bewirkt sie eine gute Verdauung ..."
Melde wie Salat zubereiten.

Der Fenchel: „... er verursacht eine gute Verdauung ..."
Gemüse, Tee, Samenkorn nüchtern kauen.

Das Hirschfleisch: „... Wenn der Mensch Hirschfleisch ziemlich warm, aber nicht heiß ißt, reinigt es seinen Magen und macht ihn heil ..."

Das Ziegenfleisch, das Lammfleisch: „... und es heilt und stärkt den Magen ..."

12. September

Fest Mariä Namen

Namenstage: Gerfrid, Guido

Gedanken zum Tag: „Doch aus dem Schoß dein, o Morgenrot, ging die neue Sonne hervor …“

Die Essig-Kirschkerne gegen Eingeweidewürmer

„… Wenn jemand im Magen Würmer hat, lege er Kirschkerne in Essig und esse sie oft vor dem Essen, und die Würmer werden in ihm aussterben …“

Kirschkerne legt man in Weinessig und ißt täglich ca. 3–5 Stück über einen längeren Zeitraum.

13. September

Namenstage: Johannes Chrysostomus, Notburga, Tobias

Gedanken zum Tag: „Denn in ihr (Maria) war die Fülle der Heiligkeit, weil in ihr das lebende Licht war."

Der Aderlaß beim Tier

„... Wenn ein Pferd, Rind oder Esel schwach und mager ist, soll ihm je nach dem Grad seiner Beleibtheit oder Magerkeit ein halber Becher Blut entnommen werden. Nach dem Aderlaß soll man ihm ein weiches Futter und trockenes, zartes Heu zum Fressen geben. Dann soll sich das Tier zwei Wochen oder eine Woche oder vier Tage nach dem Aderlaß erholen, bis es seine Kräfte wiedererlangt... Nach Ablauf von drei Monaten soll im vierten Monat und nicht früher demselben Tier noch einmal Blut beim Aderlaß entnommen werden, es sei denn, es liegt ein akuter Notfall infolge Krankheit vor... Einem Schaf soll man oft, jedoch nur wenig Blut durch Aderlaß entnehmen, weil es sonst bei ständigem Luftwechsel leicht erkrankt. Bei Schafen soll man den Aderlaß bei feuchter, mäßig warmer Luft vornehmen, weil dann die schädlichen Säfte bei ihnen zunehmen. Bei trockener Luft soll man den Aderlaß unterlassen, weil dann die Säfte bei ihnen zunehmen."

14. September

Fest der Kreuzerhöhung

Namenstage: Corona, Imelda

Gedanken zum Tag: „O Bluttat, die zum Himmel schrie, da alle Elemente vor Entsetzen in Aufruhr klagend brachen aus, weil ihres Schöpfers Blut sie hat berührt …"

Der Polei-Essig-Honig gegen Magenverschleimung, Gastritis, Magen- und Darmpilzen

„Und pulverisiere Polei, und schütte dieses Pulver in Essig und Honig in gleichem Gewicht, trinke es oft nüchtern … und es reinigt deinen Magen und erhellt deine Augen …"

Von diesem Polei-Essig-Honig (aus der Hildegard-Apotheke) nimmt man jeweils vor dem Essen 1 Eßl. voll über mehrere Wochen hin. Gerade bei Menschen mit häufigen Magenproblemen hat sich diese Kur bestens bewährt.

15. September

Mariä Schmerzen

Namenstage: Dolores, Ludmilla

Gedanken zum Tag: „O herrliche Mutter, du hast durch deinen heiligen Sohn Öl gegossen in die herbe Wunden des Todes …“

Zwischen Gut und Böse

„Jegliches Werk des Menschen geht aus der Erkenntnis hervor. Wie? Zwei Wege liegen vor ihm. Wieso? Er erkennt mit seinem Empfinden Gut und Böse. Wenn er vom Bösen übergeht Gutes zu tun, ahmt er Gott nach, da er das Gute in ihm tut, der gerecht ist und keine Ungerechtigkeit will. Wirkt er jedoch Böses, verwickelt er sich durch den Verführer in Sünden, denn der Teufel läßt nicht von ihm ab, bis er ihn in den Fesseln seiner bösen Taten weiß. Denn der Teufel flieht die Heiligkeit und sucht die Ungerechtigkeit. Entzieht sich der Mensch jedoch dem Bösen und wirkt Gutes, dann wird er von der größten Güte aufgenommen. Denn er hat sich dann nämlich aus Liebe zu Gott überwunden, der für ihn seinen Sohn dem Tod am Kreuz auslieferte.“

16. September

Namenstage: Kornelius, Cyprian, Edith

Gedanken zum Tag: „Aber die Erkenntnis des Guten und Bösen und die Fähigkeit zu wirken wurde dir zuteil – und so kannst du dich nicht entschuldigen, als besäßest du nicht hierdurch die Fülle aller Güter …“

Über die Bosheit

„Die Gnade Gottes verläßt die, welche die Hilfe Gottes verschmähen; sie kommt barmherzig denen zuhilfe, die sie suchen. Ist ein Mensch so hartnäckig, daß er die Hilfe Gottes zur Bekämpfung des Teufels verschmäht, so hört dieser nicht auf, ihm nachzustellen. Denn die Schwärze der Bosheit, die sich in ihm dann erhebt, bringt seinem ganzen Leib eine so große Bitternis, daß dadurch auch sein Körper krank und dürr wird. Wenn daher ein Mensch beginnt, sich Böses ins Gedächtnis zu rufen und sich selbst verzweifelt zu zerreißen, als ob es ihm nicht möglich sei, das Böse zu tun, dann sieht es der Teufel und sagt: Da ist ein Mensch, der uns gleich ist und Gott verleugnet … Eilen wir schnell hin zu ihm, um ihn mit unseren Listen zu hemmmen, auf das er uns nicht entkomme … Wenn der Mensch aber dem Teufel widersteht und sich in Reue den Lastern entzieht, dann ersteht er zum Leben.“

17. September

Namenstage: Hildegard von Bingen, Robert Bellarmin

Gedanken zum Tag: „Denn wenn sie selbst Urheber der Verderbnis sind, wie können sie den von Wunden Entstellten die (hilfreiche) Hand der heilsamen Arznei reichen?"

Gebet – Genügsamkeit

„Über den Sternen throne ich,
weil mir deine Gaben genügen.
Ich freu mich am süßen Ton der Pauken,
da ich auf dich vertraue.

Ich küsse die Sonne, umarme den Mond
und halte ihn fest; mir genügt,
was sie für mich ersprießen lassen.
Was sollte ich mehr noch wünschen,
dessen ich gar nicht bedarf?

Alles erweist mir Barmherzigkeit.
Im Haus meines Königs darf ich wohnen,
sitzen beim königlichen Mahl,
weil eine Königstochter ich bin."

18. September

Namenstage: Lambert, Richardis

Gedanken zum Tag: „Zu welcher Zeit auch immer mich ein Mensch sucht, nehme ich ihn liebend gern auf…“

Der Mohn

„…seine Körner führen, wenn man sie ißt, den Schlaf herbei und verhindern den Juckreiz… aber roh sind sie besser und nützlicher als gekocht.. Das Öl, das aus ihnen gepreßt wird, nährt den Menschen nicht und erquickt ihn nicht…“

19. September

Namenstage: Januarius, Theodor, Igor

Gedanken zum Tag: „Denn vor der erhabenen Höhe der tiefen und scharfen Erkenntnis Gottes können die Motivationen der Menschen nicht verheimlicht und verborgen werden.“

Die Edelsteine – Der Smaragd

„Der Smaragd wächst frühmorgens und dann sind die Grünkraft der Erde und ihre Pflanzen besonders lebenskräftig. Und daher ist der Smaragd stark gegen alle Schwächen und Krankheiten des Menschen, weil die Sonne ihn bereitet und weil seine Substanz von der Grünkraft der Luft kommt.“
Der Smaragd war schon immer der Verbündete der Menschen im Kampf gegen Krankheiten.

20. September

Namenstage: Eustachius, Warin, Fausta

Gedanken zum Tag: „Daher werde ich sie nach ihrer Erkenntnis richten, die sich an ihren Taten zeigt, die sie in ihrer Eigenwilligkeit begehen…"

Das Wasserlinsenelexier bei Praekanzerose und Abwehrschwäche

„… Wen die Vichtkrankheit plagt … der trinke nüchtern soviel wie man mit einem Atemzug trinken kann, und ähnlich, wenn er sich abends zu Bett legt. Er mache das oft, bis er geheilt ist."

Eine Selbstanfertigung ist hier sehr schwer, man kann aber das Mittel in der Hildegard-Apotheke beziehen.
Kurmäßig – 3 Monate einnehmen – 3 Monate pausieren – 3 Monate einnehmen – täglich 1 Likörglas vor dem Frühstück und vor dem Abendessen.

21. September

Namenstage: Matthäus, Jonas

Gedanken zum Tag: „O trage uns, lebendige Sonne."

Gebet – Klage

„Ach, wir sind Fremdlinge!
Was haben wir getan?
Wir wichen ab vom Weg und sündigten.
Wir sollten Königstöchter sein, doch in die
Finsternis der Sünden sind wir hinabgestürzt…"

22. September

Namenstage: Mauritius, Emmeran

Gedanken zum Tag: „Du forderst den Herrn zum Zorn heraus, wenn du dich mit ihm vergleichst…"

Das Hagebuttenmark

„…Aber wenn jemand an Leib gesund ist und nur einen schwachen Magen hat, der koche von der Frucht des Burzeldorns und esse oft davon, und es reinigt den Magen und nimmt den Schleim von ihm weg."
Hagebuttenmark – selbstgemacht oder aus dem Reformhaus – bei allen nervösen Magenleiden einsetzen, ebenso bei Magenschwäche und Magenverschleimung.

23. September

Namenstage: Linus, Thekla

Gedanken zum Tag: „Bei Gott werde ich bleiben und weiche nie von ihm ...“

Kräftespiel – Die Ungerechtigkeit – Die Gerechtigkeit

Die Ungerechtigkeit: „Auf wen soll ich meine Gerechtigkeit setzen? Auf keinen! Ich wäre kein Geschöpf Gottes, sondern eher ein Esel, der träge dahertrottet, solange ihn nicht die Peitsche treibt, würde ich immer nur auf dieses oder jenes achten müssen. Ich bin doch weiser und klüger als die anderen. Ich kenne Sonne, Mond und Sterne, auch die übrige Welt und jedes Ding bestimmte ich in seinem Gefüge ...“

Die Gerechtigkeit: „Was redest du da? Gott hat alle Dinge der Welt so eingerichtet, daß eines aufs andere Rücksicht nimmt. Je mehr einer vom anderen lernt – wo er doch von sich aus nichts weiß – um so mehr wächst auch in ihm das Wissen ... – Daher weiß ich, daß die Gaben des Heiligen Geistes, die im Menschen ich erkenne, die Werke Gottes sind und für sie bin ich der Lobgesang ... Bei Gott werde ich bleiben und weiche nie von ihm ...“

24. September

Namenstage: Rupert und Virgil, Gerhard, Germar

Gedanken zum Tag: „... so nahm der Sohn aus dir die Nahrung, o Maria!"

Der Aronstabwurzelwein gegen Gastritis

„Aber auch ein Mensch, der ein schleimiges Fieber im Magen hat, aus dem verschiedenartiger Schüttelfrost erwächst, der koche die Wurzel des Aronstabs in reinem Wein, dann lasse er es abkühlen, dann tauche er einen erhitzten Stahl in diesen Wein und er wärme ihn so wieder und so warm trinke er dies."
Diesen Aronstabwurzelwein sollte man dreimal täglich trinken. Man erwärmt die jeweilige Menge dazu mit einem Tauchsieder wie angegeben und trinkt ihn warm.

25. September

Namenstage: Klaus von Flüe, Sergius

Gedanken zum Tag: „Die Sonne bezeichnet meinen Sohn, der aus meinem Herzen hervorging und die Welt erleuchtete ..."

Die Ackerminze bei Verdauungsschwäche

„... Aber auch wer einen kalten Magen hat und die Speisen nicht verdauen kann, der esse diese kleine Minze entweder roh oder mit Fleisch oder mit Fischen gekocht – sie wärmt seinen Magen und verhilft ihm zur Verdauung."

26. September

Namenstage: Kosmas und Damian, Eugenia

Gedanken zum Tag: „Die leuchtenden Werke eines reinen Menschen erfüllen ihn mit Heiligkeit.“

Die Weinraute-Salbeimischung bei Magen-Darmschmerzen oder Schmerzen durch Geschwüre

„… Auch wenn jemand eine andere Speise gegessen hat, wovon es ihn danach schmerzt, esse er sofort eine Mischung aus Weinraute und doppelt soviel Salbei zusammen mit etwas Salz gewürzt und es schmerzt ihn weniger …“

Man ißt bei Beschwerden von dieser Mischung etwas mit Salz gewürzt nach dem Essen am besten auf einem Stückchen Brot.

27. September

Namenstage: Vinzenz von Paul, Hiltrud

Gedanken zum Tag: „Zu Beginn des Weltalters leuchtete die Heiligkeit der göttlichen Offenbarung."

Das Ingwer-Mischpulver bei Magenschmerzen und Oberbauchbeschwerden

„... Ebenso pulverisiere ein Mensch, der im Magen irgendwelchen Schmerz leidet, Ingwer und zweimal soviel Galgant und halb soviel Zitwer. Und nach dem Essen schütte er dieses Pulver in Wein, und so trinke er es oft, auch abends, wenn er schlafen geht."

28. September

Namenstage: Lioba und Thekla

Gedanken zum Tag: „Das Leben erprobt sich am Leben."

Das Muskateller-Salbeielexier gegen Magenschleimhautentzündung

„... Und wessen Magen so schwach ist, daß er von Speisen leicht eitrig ist, der nehme Muskateller-Salbei und zu deren dritten Teil Polei und von Fenchel soviel wie der dritte Teil der Polei ist, und dies koche er gleichzeitig in gutem Wein, unter Beigabe von etwas Honig, und er seihe es durch ein Tuch, und trinke es oft nach dem Essen und gegen Nacht; sein Magen wird angenehm geheilt oder gereinigt werden."

29. September

Namenstage: Michael, Gabriel und Raphael

Gedanken zum Tag: „Gott berief die seligen himmlischen Geister sowohl zum Heil der Menschen als auch zur Ehre seines Namens. Er bestimmte die einen dazu, den Menschen in ihren Nöten zur Hilfe zu kommen, die anderen aber, den Menschen seine geheimen Urteile kundzutun."

Die Edelsteine – Der Smaragd

„Wer daher im Herz oder im Magen oder in der Seite Schmerzen hat, der habe den Smaragd bei sich, damit das Fleisch seines Körpers von jenem Stein warm werde, und es wird ihm besser gehen. Aber wenn jene Krankheiten in ihm so überhand nehmen, daß sie sich vor ihrem Sturm nicht zurückhalten können, dann lege jener Mensch den Smaragd alsbald in seinen Mund, damit er von seinem Speichel feucht werden und daß der Speichel von jenem Stein warm werde, und er führe ihn oft in seinen Körper ein und aus und die plötzlichen Überschwemmungen jener Krankheiten werden zweifellos weichen."

Bei Herzschmerzen, Magenschmerzen und Seitenstechen den Smaragd bei sich auf der bloßen Haut tragen, in Form eines Anhängers oder eine Kette und diese öfters in den Mund stecken.

30. September

Namenstage: Hieronymus, Urs und Viktor

Gedanken zum Tag: „Ich bitte, und deine Güte schenkt mir, was ich begehre."

Das Lattichmischpulver

„... nimm aber Aloe und Myrrhe in gleichem Gewicht und von Kampfer ein bißchen weniger als von einem dieser zwei und zerlasse dies in einer Schüssel und füge ein wenig wilden Lattich bei. Und dann mache daraus mit Semmelmehl Törtchen. Trockne sie entweder auf einem vom Feuer erhitzten Stein oder in der Sonne und getrocknete zerreibe sie wie Pulver. Und von diesem Pulver trinke oft ein wenig in nüchternem Zustand in warmer Honigwurz. Und wenn du gesund und stark bist, wirst du wunderbar noch gesünder und stärker und deine Kräfte werden auf diese Weise in Ordnung gebracht. Und wenn du krank bist, erhebt es dich auf wunderbare Weise und stärkt dich, wie die Sonne den trüben Tag erhellt."

Wir haben hier ein wertvolles Universalheilmittel, ein Kräftigungs- und Stärkungsmittel für Gesunde und Kranke. Man gibt von diesem Lattichmischpulver, das in Hildegard-Apotheken erhältlich ist, eine Messerspitze voll in einen Honigtee und trinkt diesen warm. Die Anwendung sollte über einen längeren Zeitraum – 2–3 Monate – gemacht werden.

Oktober

Der zehnte Monat

„Dieser Monat birgt die Reife. Die Ernte ist eingefahren,
die Keller sind voll. Die Natur wirft die Blätter,
sie bereitet sich auf den kalten Winter vor.
Im Lebenskreislauf stellt er auch die Reife des Alters dar,
dort wo der Mensch durch Besinnung zur
Weisheit gelangen kann. Der Mensch, der in diesem
Monat geboren wird, braucht sich nicht mehr
um die Ernte, um die Fülle des Lebens zu bemühen,
er hat deshalb von der Natur eine Kälte
mitbekommen, die er nur durch das Suchen
und Bemühen von rechter Wärme
ausgleichen kann.“

1. Oktober

Namenstage: Theresia vom Kinde Jesu
Remigius, Emanuel

Gedanken zum Tag: „Wein ist das Blut der Erde und ist in der Erde wie das Blut im Menschen …“

Der Wein

„… der Wein ist das Blut der Erde und ist in der Erde wie das Blut im Menschen … es soll ein Mensch, der edlen, starken Wein trinken will, ihn mit Wasser mischen, damit seine Kraft und Wärme etwas geschwächt und gemildert wird.“

Wein ist ein wundervolles Geschenk der Natur: Er liefert Vitamine und Mineralien, fördert die Verdauung, die Durchblutung und den Schlaf. Er kräftigt und regt an.

2. Oktober

Heilige Schutzengel

Namenstag: Leodgar

Gedanken zum Tag: „O ihr herrlichen Engel, lebendiges Licht – welch herrliche Freuden birgt eure Natur, die unberührt blieb von jener Untat…“

Die Welt des Menschen

„…ursprünglich hatte Gott den Luzifer, den schönsten Lichtengel, mit Edelsteinen geschmückt. Dieser sah sie im Spiegel der Gottheit glänzen und empfing durch sie sein Wissen und erkannte dadurch, daß Gott viel Wunderbares bewirken wollte… Gott gründete im Anfang der Zeit aus dem Nichts zugleich beide Reiche, das geistige und das körperliche, das der Engel und das der Welt und darauf das des Menschen, der – aus Körper und Geist zusammengesetzt – gewissermaßen beiden Reichen angehört.“

3. Oktober

Namenstage: Ewald, Udo

Gedanken zum Tag: „Sie selbst dünken sich feurig, aber in der Gerechtigkeit Gottes brennen sie nicht…“

Das Wermutöl

„…Wenn dann irgendein Mensch in der Brust und um die Brust Schmerzen leidet, so daß er davon hustet, den salbe ihn auf der Brust damit. Und wer an der Seite Schmerzen hat, den salbe dort und es heilt ihn innen und außen.“

Anwendung bei Rippenfellreizung (Rippenfellentzündung), Brustschmerzen (Brustkorb, Mediastinum, Lungenwurzel), Bronchitis, Hillusdrüsen:
1 Teil Wermutsaft mit 3 Teilen Olivenöl und ein paar Tropfen echtem Rosenöl in eine helle Flasche geben und einige Zeit dem Sonnenlicht aussetzen. Dann ein Jahr lang aufheben, so hat es seine volle Heilkraft erreicht.

Bei Überempfindlichkeit gegen Wermut, anfangs nur 1–2 Tropfen nehmen und nicht zu kräftig einreiben. Falls eine Reizung eintritt, am nächsten Tag die Stelle wechseln, gegebenenfalls einen Tag pausieren.

4. Oktober

Namenstage: Franz von Assisi, Aurea, Edwin

Gedanken zum Tag: „Seine Sünde wird ihn verurteilen, wenn er ohne Reue darin verharrt…"

Der Bärwurzbirnenhonig zur Körperreinigung und bei Migräne

„… und das ist die beste Latwerge und kostbarer als Gold, und nützlicher als das reinste Gold, weil es die Migräne wegnimmt und die Dämpfigkeit mindert, welche die rohen Birnen in der Brust des Menschen verursachen. Und alle üblen Säfte, die im Menschen sind, vernichtet sie und reinigt den Menschen so, wie ein Geschirr vom Schmutz gereinigt wird."

Birnen werden auseinandergeschnitten, das Kerngehäuse weggeworfen. Man koche die Birnen stark in Wasser und zerstampfe sie zu Brei. Überschüssiges Wasser wegschütten. 8 Eßl. Honig werden mäßig erhitzt (Allergiker nehmen abgeschäumten Honig) und mit 100 g Bärwurzmischpulver verrührt. Das gibt man zu dem Birnenmus und koche es noch einmal – unter kräftigen Umrühren – miteinander gut auf. In sterile Schraubgläser abfüllen. Täglich morgens nüchtern 1 Teellöffel davon essen, mittags 2 Eßlöffel und abends im Bett 3 Eßlöffel. Das Bärenwurzmischpulver besteht aus: Radix Mei 35 g, Rhiz. Galangae 28 g, Radix Liquiritae 22 g, herba Sedi acris 15 g.
Der Bärenwurzbirnenhonig nimmt prompt die Migräne; er sollte jedoch jährlich, am besten im Herbst, eingenommen werden.

5. Oktober

Namenstage: Meinolf, Galla

Gedanken zum Tag: „Wann schauen wir dich in dieser Welt, der du in unserer Seele wohnst?“

Der Kürbis

„Die Kürbisse sind trocken und kalt und wachsen von der Luft. Und sie sind für Kranke und Gesunde gut zu essen."

Kochrezept:
Kürbissuppe
400 g Kürbis, 200 g Möhren, 1 Zwiebel, 2 Eßl. Butter, Currypulver, 2 Eßl. feines Dinkelvollkornmehl, 1 l Hildegard-Gemüsebrühe, Galgant, Salz, Bertram, 1 Eßl. Mandelblättchen, 3–4 Eßl. Crème fraîche.
Butter erhitzen, die fein gehackte Zwiebel darin glasig andünsten. Das in kleine Würfel geschnittene Gemüse dazugeben und leicht mitrösten. Curry und Dinkelvollkornmehl dazugeben und mit anschwitzen. Die kalte Gemüsebrühe angießen, Galgant und Bertram dazugeben und unter Rühren aufkochen, dann die Suppe auf kleiner Flamme ca. 10 Minuten kochen lassen und anschließend pürieren. Mit Salz und Galgant nochmals abschmecken. Die Mandelblättchen ohne Fettzugabe leicht bräunen. Crème fraîche auf die Suppe geben und die Mandelblättchen darüberstreuen.

6. Oktober

Namenstage: Bruno, Adalbero

Gedanken zum Tag: „Ich sehe häufig in den Geringeren die Größeren und in den Größeren finde ich die Geringeren, weil der Stolz zu Fall kommt und die Demut aufsteigt …"

Die Edelsteine – Der Jaspis

„Und wer stark den Schnupfen hat, der halte den Jaspis an den Mund und hauche ihn mit seinem warmen Atem an, damit er warm und feucht werde, und so stecke er ihn in die Nasenlöcher und drücke mit der Hand die Nase zu, damit die Wärme jenes Steins in den Kopf eindringt. Die Säfte des Kopfes werden um so schneller und milder gelöst und der Kranke wird sich besser befinden. Ein Mensch aber, der auf einem Ohr taub ist, der halte den Jaspis an den Mund und er hauche ihn mit seinem warmen Atem an, damit er dadurch warm und feucht werde. Und sogleich stecke er ihn ins Ohr und lege dünnes Werg auf jenen Stein. Und so verschließe er das Ohr, damit die Wärme dieses Steins ins Ohr eindringe … und so wird jener Kranke das Gehör wieder erlangen."

Für diese Anwendungen hat sich eine Jaspisolive (an einem Kettchen befestigt) bewährt.

7. Oktober

Rosenkranzfest

Namenstage: Justina, Gerold

Gedanken zum Tag: „In dir hat der Vater sein Wort zum Menschen geformt…“

Gebet – Maria, die neue Schöpfung

„O funkelnde Gemme! Der Sonne lautere Zier
ergoß sich als sprudelnder Quell des Lebens
in dich aus dem Herzen des Vaters.
Er schuf durch dieses sein einziges Wort
das Urelement der Erde,
das Eva verdarb.“

8. Oktober

Namenstage: Simeon, Sergius, Demetrius

Gedanken zum Tag: „Sieht ein Mensch in seiner Erkenntnis, die das innere Auge ist, etwas, was dem äußeren Auge verborgen ist, und zweifelt er nicht daran, so glaubt er sicherlich…“

Die Ziegenmilch

„…wenn einer in der Lunge Schmerzen hat, trinke er häufig Ziegenmilch und er wird geheilt.“

9. Oktober

Namenstage: Dionys, Gunther, Abraham und Sara

Gedanken zum Tag: „Wer aber nicht glauben will, ist tot, weil er kein Seufzen des Geistes kennt, mit dessen Hilfe er sich zu den Höhen des Himmels emporschwingen könnte…"

Die Pflaumenkernkur

„…Aber wer trockenen Husten hat, der nehme die inneren Kerne dieser Frucht, und, nachdem die Hülse weggeworfen ist, lege er sie in den Wein, und sie sollen mit Wein übergossen werden, bis sie ziemlich aufquellen und so esse er sie oft und dann soll er auch in gutem Weine eine Suppe zubereiten und er nehme sie schlürfend ein, und er wird schnell geheilt werden."

Bei schwerem Husten (Keuchhusten, hartnäckiger Husten nach Grippe, trockener Husten, starker Reizhusten) ca. 40 Pflaumenkerne (den inneren weißen Kern!) mindestens 24 Stunden in eine große Tasse Wein legen, zudecken, bis sie „dickbäuchig" aufgequollen sind. 3 Tage bis 1 Woche lang drei bis sechs Kerne kauen und essen (der Wein neutralisiert zum größten Teil die Blausäure), dazu außerdem sechs Pflaumenkerne kleinhacken und daraus mit etwas Dinkelmehl oder -grieß sowie 3 Eßl. Wein, in dem die Kerne gequollen sind, eine dünne Suppe kochen.

10. Oktober

Namenstage: Gereon, Kassius, Viktor

Gedanken zum Tag: „Die Seele liebt in allen Dingen das diskrete Maß…"

Die Discretio – Das Maßhalten

„…die Seele liebt in allen Dingen das diskrete Maß. Wann auch immer der Körper des Menschen ohne Discretio ißt und trinkt oder etwas anderes dieser Art verrichtet, werden die Kräfte der Seele verletzt…"

Eine wichtige Tugend bei Hildegard ist die „Dicretio", das Maßhalten. Nach Hildegard soll sich der Mensch in allen Dingen das rechte Maß auferlegen.

11. Oktober

Namenstage: Bruno, Edelburga

Gedanken zum Tag: „Da jauchzte auf dein Leib als Symphonie des Himmels aus Klang, weil du, o Jungfrau, trugst den Sohn des Vaters."

Das Siseröl gegen eine kranke Gesichtshaut

„Und wer eine kranke Haut im Gesicht hat, so daß sie leicht rissig wird, der nehme Gerla und zerstoße sie im Mörser, und wenn sie zerstoßen ist, gebe er Öl hinzu. Und so salbe er abends sein Gesicht, wenn er sich ins Bett legt, und dies tue er, bis er gesund wird."

Das Öl hat seinen Namen von dem lateinischen Wort „Sium sisorum"; dies ist die Gartenrapunzel, auch Gerla oder Zuckerwurz genannt. Es wird vor allem nachts auf die rissige, spröde Gesichtshaut aufgetragen, wobei man schon nach kurzer Zeit eine deutliche Verbesserung feststellen wird.

12. Oktober

Namenstag: Maximilian

Gedanken zum Tag; „Der leuchtende Urstoff bist du,
durch den das Wort aller Tugenden Kräfte im
Hauch entsandte, o Maria …"

Der Apfel

„Aber die Frucht jenes Baumes ist zart und leicht verdaulich und roh genossen schadet sie gesunden Menschen nicht … Kranken aber schaden rohe Äpfel eher, weil sie schwächlich sind. Aber die gekochten und gebratenen sind sowohl für die Kranken als auch für die Gesunden gut. Aber wenn sie alt und runzlig werden, wie es im Winter geschieht, dann sind sie roh für Kranke und Gesunde gut zu essen."

Für Gesunde ist der Apfel in jeder Form, gekocht oder roh, optimal, während der Kranke und „Magenschwache" eher abgelagerte, runzelige oder gekochte Äpfel besser verträgt.

13. Oktober

Namenstage: Koloman, Eduard Simpert

Gedanken zum Tag: „Warum erkennst du nicht, daß du dich nicht selbst erschaffen kannst?“

Kräftespiel – Die Gottesvergessenheit – Die Heiligkeit

Die Gottesvergessenheit: „Wenn Gott mich nicht kennt, wie kann ich ihn kennen? Ich werde auch meine eigenen Plänen verfolgen und handle nur so, wie es mir gefällt und was ich weiß und verstehe…“

Die Heiligkeit: „Wer hat dich geschaffen und das Leben gegeben? Gott allein! Warum erkennst du nicht, daß du dich nicht selbst erschaffen kannst? Ich rufe zu Gott und erhalte von ihm alles, was zum Leben gehört… denn Gott allein schenkt dem Menschen Speise und Trank und alles, was er braucht. Die Menschen sehen es wachsen und gedeihen, verstehen aber nicht, wie das geschieht… Gott allein kann die ganze Menschheit über die Zeiten erhalten und auch das Geringste, das auf der Erden ist, mit Leben erfüllen.“

14. Oktober

Namenstage: Kallistus, Burkhard

Gedanken zum Tag: „Es ist recht, daß dem Schöpfer des Alls von seiner Kreatur Ehrfurcht erwiesen wird …“

Der Edelsteine – Der Jaspis

„Und bei wem im Herz oder in den Lenden oder in irgendeinem anderen Glied des Menschen Stürme der Säfte, d.h. Gicht, auftreten, der lege den Jaspis auf jene Stelle und drücke ihn, bis er dort warm wird, und die Gicht wird weichen, weil die gute Wärme und die gute Kraft jene unrichtig warmen und kalten Säfte heilt und beruhigt.“

Bei mangelhafter Durchblutung des Herzmuskels oder bei Rhytmusstörungen den Stein auflegen, bis dieser warm wird. Diesen Vorgang öfter wiederholen; bei Schmerzen, Gicht jeglicher Art, Ischialgien usw. den Jaspis auflegen oder auf die Schmerzstelle fixieren.

„Und wenn Blitze und Donner im Schlaf erscheinen, ist es gut, daß der Mensch den Jaspis bei sich hat, weil Phantasien und Trugbilder ihn dann meiden und verlassen.“

Bei Albträumen empfiehlt Hildegard, diesen Stein nachts hautnah bei sich zu tragen, so daß er die Träume reguliert.

15. Oktober

Namenstage: Theresia von Avila, Aurelia

Gedanken zum Tag; „Welch herrliche Freuden birgt eure Natur, die unberührt blieb von jener Untat…"

Gebet – Im Licht der Engelchöre

„O ihr herrlichen Engel, lebendiges Licht!
Im dunklen Geheimnis jeglicher Kreatur
schaut vor dem Thron der Gottheit ihr
in brennender Sehnsucht die Augen Gottes;
nie könnt ihr davon gesättigt werden.
Welch herrliche Freuden birgt eure Natur,
die unberührt blieb von jener Untat…"

16. Oktober

Namenstage: Hedwig, Gallus, Margareta Maria

Gedanken zum Tag: „O Blume, nicht Tau noch Regentropfen haben dich sprießen lassen – sondern die göttliche Herrlichkeit hat dich am edelsten Reis gezeugt…"

Der Akelei-Honig gegen Verschleimung

„Aber auch wer viel Schleim auswirft, der beize Akelei in Honig und esse sie oft, und der Schleim nimmt ab, und sie reinigt ihn so."

17. Oktober

Namenstage: Ignatius von Antiochien, Anselm

Gedanken zum Tag: „Denn wer sich selbst umbringt, ahmt den verworfenen Engeln nach, der die erste Bosheit erfand und sich dem Verderben übergab, als er sich selbst tötete."

Die Birnen

„Jedoch die Frucht des Birnbaumes ist schwer und gewichtig und herb; und wenn sie jemand roh zu reichlich ißt, verursacht sie Migräne im Kopf und macht die Brust dämpfen … Und den, der gekochte Birnen ißt, beschweren sie ziemlich, weil sie die Fäulnis in ihm mindern, … jedoch bewirken sie bei ihm eine gute Verdauung, weil sie die Fäulnis mit sich abführen …"

Rohe Birnen sind – in Maßen – nur für den Gesunden verträglich. Sehr belastend sind sie für Lungen- und Leberleidende. Jedoch gekocht, gebacken oder gedörrt sind sie gut verträglich und verdaulich. So gegessen reinigen sie sogar radikal den Darm, ähnlich wie ein gutes Abführmittel. Also im Herbst regelmäßig ein Birnenkompott auf den Tisch bringen!

18. Oktober

Namenstage: Lukas, Petrus von Alcántara

Gedanken zum Tag: „Niemand verzweifle an der Last seiner Ungerechtigkeit; denn wenn er an meiner Barmherzigkeit verzweifelt, wird er nicht zum Leben erstehen."

Fenchelgratin mit Kräuterkruste

Kochrezept: Fenchelknollen zusammen mit Fenchelsamen in Weißwein weich dünsten. In eine gebutterte Form legen, eingeweichten Dinkelvollkornschrot mit Sauerrahm, Thymian, Galgant, Bertram, Beifuß sowie geriebenen Käse und etwas Mutterkümmel mischen und den Fenchel damit bedecken. Goldgelb überbacken.

19. Oktober

Namenstag: Paul vom Kreuz

Gedanken zum Tag: „Wenn du dir aus Liebe zu Gott weltliche Angelegenheiten vom Leibe hältst, dann wirst du wie eine wunderschöne Blume aufgehen.“

Der Rainfarn

„Wer dürren (trockenen) Husten hat, bereite sich aus Feinmehl und Rainfarn eine Suppe und esse sie oft. So lösen sich die Trockenheit und das innere Wundsein dieses Hustens …“

Rezept: **Rainfarnmehlsuppe** (bei Reizhusten, Keuchhusten, Pseudokrupp, chronische Nebenhöhlenentzündung, Schnupfen, Husten, Heiserkeit)
Man mischt eine Messerspitze (0,5 g) vom Blätter-Pulver mit 1 Eßl. Dinkelfeinmehl, rührt es mit kaltem Wasser glatt an und gibt es in gesalzenes, kochendes Wasser, so daß man eine glatte Mehlsuppe erhält. Auch darf man etwas Butter dazugeben, was die hustenlösende Wirkung noch verstärkt. Ein bis zweimal pro Tag einen Teller davon essen.
Vom Rainfarn wird nur das Kraut – nie die Blüten verwendet! Und zwar maximal 2 Teelöffel pro Tag und pro Person!

20. Oktober

Namenstage: Wendelin, Vitalis

Gedanken zum Tag: „Das Wirken des Wortes (Gottes) ist das Wachstum …"

Eine Meditation

„Alles, was aus Gott geboren ist, besiegt die Welt und so sündigt der Mensch nicht. Wie geringe Speisen durch den Geschmack der Gewürze in besser schmeckende gewandelt werden und so ihren gewöhnlichen Geschmack verlieren, ebenso wird auch durch das Feuer des Heiligen Geistes die minderwertige Art des Menschen in eine bessere, als sie durch seine Empfängnis war, umgewandelt."

21. Oktober

Namenstage: Ursula, Irmtrud

Gedanken zum Tag: „Das Herz des Menschen sollte durch die Fülle der vielen großen und kleinen Wunder um ihn herum so gestärkt werden, damit er den anderen den Aufbau der Tugendkräfte vermitteln kann."

Der Wegerichhonig zur schnellen Wundreinigung und das Ernten von Wurzeln

„... wenn ein Mensch irgendwo durch einen Unfall ein Knochen bricht, dann schneide er die Wurzeln vom Wegerich in Honig und esse diese täglich nüchtern ..."

Ernten Sie jetzt aus dem eigenen Garten folgende Wurzeln: Alantwurzel, Diptamwurzel, Meisterwurzwurzel, und die Wegerichwurzeln – kurz vor oder direkt an Neumond – zum Trocknen. Bereiten Sie den Wegerichhonig in dieser Jahreszeit auf Vorrat (ein Mittel zur besseren und schnelleren Knochenheilung bei Brüchen) aus frischen Wegerichwurzeln: 80–100 g frische, in kleinste Stückchen geschnittene Wurzeln in 250–300 g Honig (Allergiker verwenden abgeschäumter Honig!) einlegen. Vor jeder Mahlzeit, einen Teelöffel voll im Mund zergehen lassen.

22. Oktober

Namenstage: Cordula, Ingbert

Gedanken zum Tag: „Es ist besser für dich, daß du den Geringen demütig ein wenig gibst, als wenn du dich sehr am Reich der Welt ergötzen würdest.“

Die Quitte

„... und seine Frucht ist warm und trocken und hat eine gute Mischung in sich. Und wenn sie reif ist, schadet sie roh genossen weder dem Kranken noch dem gesunden Menschen, aber gekocht oder gebraten ist sie dem Kranken und dem Gesunden sehr bekömmlich ...“

Quittenlikör

Rezept: 500 g vollreife Quitten waschen, Flaumhaare entfernen und die Früchte durch den Fleischwolf drehen. Das Quittenpüree mit dem Wasser ½ – 1 Stunde köcheln, dann abkühlen lassen. 2 g Gelatinepulver in warmen Wasser auflösen und mit ⅛ l Weingeist unter das Quittenpüree rühren. 24 Stunden lang stehen lassen und dann mit Hilfe eines sauberen Leinentuches auspressen. Pro Liter Saft 1 l Alkohol dazu geben. Der Alkohol sollte 40%ig sein. Die Mischung mit 300 g Puderzucker verrühren, 1 Stange Zimt sowie 2 Gewürznelken dazu geben und in einem gut verschließbaren Gefäß zwei Monate an einem kühlen Ort ruhen lassen. Erst nach dieser Zeit filtern und in Flaschen füllen.

23. Oktober

Namenstage: Severin, Oda

Gedanken zum Tag: „Deshalb mußt du, o Mensch, geduldig seelische und körperliche Kämpfe ertragen…"

Diätempfehlungen bei Lungenleiden

„… und iß auch oft noch edle Kräuter, die gut riechen…"

Folgende Ernährung empfiehlt sich bei Lungenleiden: Dinkel, Obst Gemüse; mageres Fleisch, Kalb, Hammel, Ziegenfleisch, Reh, Hirsch, Schafslungensuppe, frischer Barsch; kaltgepreßtes Sonnenblumenöl, Butter; frische Kräuter (Bertram); Fenchel-, Salbei-, Lungenkrauttee.

24. Oktober

Namenstage: Antonius Maria Claret, Fromund

Gedanken zum Tag: „Denn das menschliche Herz ist immer im Zweifel, weil es, während es Gutes tut, Not hat, ob es Gott gefällt oder nicht."

Mandel-Orangen-Aufstrich

Kochrezept: 300 g unbehandelte Orangen (etwa 250 g Fruchtfleisch) heiß waschen, abtrocknen u. die Schale einer Orange fein abreiben. Die Orangen sorgfältig schälen. Das Fruchtfleisch pürieren. 100 g Mandeln mit 80 g dunklen Rosinen fein zerkleinern und mit dem Orangenpüree und der Orangenschale gründlich vermischen. Dickt nach!

25. Oktober

Namenstage: Krispin, Chrysanth und Daria

Gedanken zum Tag: „Für Gottes Kampf will ich selbst das schneidende Schwert sein, das niemand wegen der Stärke Gottes zu zerbrechen vermag…"

Kräftespiel – Die Bequemlichkeit – Die Tapferkeit

Die Bequemlichkeit: „Warum sollte ich mich abmühen und mein Leben ändern?"

Die Tapferkeit: „Mit Gottes Hilfe will ich gegen das Böse angehen und keiner wird mich überwinden… Für Gottes Kampf will ich selbst das schneidende Schwert sein, das niemand wegen der Stärke Gottes zu zerbrechen vermag…"

26. Oktober

Namenstag: Amandus

Gedanken zum Tag: „Denn viele suchen mich mit schwankendem Herzen, so daß man sie nur äußerlich am Zeichen ihrer heiligen Verpflichtung erkennt…“

Bei Lungenleiden

„Wer aber nur Schmerzen in der Lunge hat, soll fettes Fleisch, blutreiche Nahrung und gekochten Käse meiden, weil sie Lungenschwindsucht verursachen. Auch Erbsen, Linsen, rohes Obst und rohes Gemüse soll er nicht essen und Nüsse und Öl meiden. Wenn er Fleisch essen will, soll er mageres essen, und wenn er Käse ißt, soll er weder gekochten noch unreifen, sondern trockenen essen, und wenn er Öl nehmen will, soll er nur wenig nehmen; Wasser soll er nicht trinken, weil es in der Lungengegend Schleim bildet. Frischen, unreifen Most, der noch nicht beim Gären Schmutz auswirft, soll er nicht trinken; dagegen schadet ihm Bier nicht viel, weil es gekocht ist; Wein soll er aber nicht trinken und vor feuchter, nebeliger Luft soll er sich in acht nehmen.“

Vermeiden solle man bei Lungenleiden vor allem fettes Fleisch und jede Speise, die stark bluthaltig ist; gekochten Käse (Überbackenes) Hülsenfrüchte wie Erbsen und Linsen, rohes Obst und rohes Gemüse, Walnüsse und Olivenöl. Wenn nötig nur mageres Fleisch und nur trockenen Käse (Hüttenkäse). Öl beschränke man auf ein Mindestmaß. Trinken soll man kein Mineralwasser, keinen Wein oder frischen Most, dagegen schadet Bier (möglichst Dinkelbier) nicht.

27. Oktober

Namenstage: Wolfhard, Frumentius

Gedanken zum Tag: „Die Seele verleiht dem Leib das Leben, wie das Feuer das Licht in die Finsternis eingießt."

Die Nüsse

Die Walnuß
„... Aber in einem Menschen, der viel Nüsse ißt, seien sie frisch oder alt, entsteht leicht Fieber, jedoch nur gesunde Menschen können es überstehen."

Die Mandel
„Aber wer ein leeres Gehirn hat und ein Gesicht von schlechter Farbe und daher Kopfweh hat, esse oft die inneren Kerne dieser Frucht und es füllt das Gehirn und gibt ihm die richtige Farbe."

28. Oktober

Namenstage: Simon, Judas Thaddäus, Alfred

Gedanken zum Tag: „Ach, woher bin ich nur gekommen ...?"

Gebet – Gebet um Heilung

„Erbarme dich meiner, o Herr,
mit Sünde befleckte ich meine Seele!
Heile die Striemen meiner Wunden,
da ich ja gegen dich sündigte."

29. Oktober

Namenstage: Narzissus, Hermelind

Gedanken zum Tag: „Der Verstand ist in der Seele wie die Grünkraft der Zweige und Blätter am Baum, der Wille wie die Blüten, das Gemüt wie die erste hervorbrechende Frucht und die Vernunft wie die Reife der vollendeten Frucht."

Die Edelsteine – Der Chalzedon

„Und wer eine beständige Art zu reden haben möchte und weise vortragen will, was er sagt, der halte den Chalcedon in seiner Hand, und erwärme ihn mit seinem Hauch, damit er davon feucht werde. Und dann lecke er ihn mit seiner Zunge, und er wird beständiger mit den Menschen reden können."

Dieses einfache Mittel hat schon vielen geholfen, die vor einer mündlichen Prüfung; bei einer Rede oder einem Vortrag versagt haben, weil ihnen „die Stimme versagte" oder ihnen zu einem Thema plötzlich nichts mehr einfiel.

30. Oktober

Namenstage: Emicho, Dietger

Gedanken zum Tag: „Das wahre Leben welkt nicht in seiner Jugendschönheit und erschöpft sich nicht in der Reife des Alters“

Das Heckenrosen-Elixier

„Die Hagrose ist sehr warm und bezeichnet die Zuneigung. Und wer in der Lunge leidet, der zerstoße die Hagrose mit den Blättern und dann gebe er ungekochten Honig dazu und koche es gleichzeitig. Er hebe oft den Schaum ab,und seihe es so durch ein Tuch und mache daraus einen Klartrank. Er trinke es oft und es nimmt die Fäulnis von der Lunge und reinigt und heilt sie.“

Das Heckenrosenelixier – unterstützend bei allen Lungenleiden, Bronchitis, Lungenschmerzen und eitrigem Auswurf erhalten Sie in Ihrer Hildegard-Apotheke oder Sie stellen es selbst entweder im Frühjahr oder Herbst her:
Ca. 100 g Heckenrosenblüten und -blätter oder ca. 200 g Hagebutten und Blätter mit ca. 100 g Honig in 1 l Wasser ca. 15 Minuten kochen und dabei den Schaum, der sich absetzt, immer wieder abschöpfen. Durch ein feines Tuch seihen und heiß in sterile Flaschen füllen.
Bei Bedarf 2–3 Likörgläser täglich trinken.

31. Oktober

Namenstage: Wolfgang von Regensburg, Notburga

Gedanken zum Tag: „Gott ist das Leben, das durch keinen Anfang verdunkelt wird und auch durch kein Abnehmen zu Ende geht."

Der Andorn-Wein gegen Husten

„... Wer Husten hat, nehme eine gleiche Gewichtsmenge Fenchel und Dill und ein Drittel Andorn . Das koche er mit Wein, seihe es durch ein Tuch und trinke es. Der Husten wird vergehen ... Denn der Husten nimmt seinen Ursprung von einem Leber- und Lungenleiden. Diese Leiden beschwichtigt der Andorn; der Dill aber trocknet den Husten aus, der Fenchel macht samt dem gelinderten Wein die Heilung."

Rezept: 10 g Andorn-Kraut, 30 g Fenchel-Kraut und 30 g Dill-Kraut wird in 1 l gutem Wein 3–4 Minuten lang gekocht, danach noch etwas ziehen lassen und abseihen. Mehrmals am Tag ein halbe Tasse davon warm trinken, bis der Husten vorbei ist. Kinder bis 6 Jahre bekommen davon mehrmals täglich einen Teelöffel, Kinder bis zu zwölf Jahren mehrmals täglich einen Eßlöffel. In der Thermoskanne den Saft warmhalten.

November

Der elfte Monat

„Dieser Monat bringt die Kälte mit, vorbei ist die
Wärme und der Reichtum der Natur.
Diese Kälte ist jedoch noch nicht klirrend genug, um
die Erde gefrieren zu lassen, sondern sie wühlt
den Schmutz auf. Der Mensch, der in diesem Monat
geboren ist, wehrt sich gegen diese Kälte,
damit nicht zuviele schmerzhafte Gedanken sein Herz
belasten und somit die Freude in ihm
unterdrücken. Er muß sehr darauf achten, daß er das
Tageslicht der Heiligkeit nicht verläßt,
denn sonst wird er im Selbstmitleid aufseufzen und
jammern voller Schmerz und großer Traurigkeit
und seiner Seele schaden. Jedoch durch
die Besinnung auf den Heiligen Geist, also durch gute
Taten und Werke, kann er seiner Seele
neue Kräfte entlocken.“

1. November

Hochfest Allerheiligen

Namenstage: Harald, Luitpold

Gedanken zum Tag: „Ihr Heiligen aus dem alten Bund habt Rettung den Seelen vorausgesagt…"

Gedanken zu Allerheiligen

„…Flieht er, das Heilige mißachtend, seinen Gott, dann sieht er durch die Seele bald ein, wie sehr er vor Gott und den Menschen hassenswert ist, und indem diese ihn dauernd quält, gestattet sie dem Menschen die falsche Freude nicht."

2. November

Allerseelen

Namenstag: Ratbold

Gedanken zum Tag: „Jede gläubige Seele, die Gott weise fürchtet, ist durch den Glauben ein Thron Gottes."

Die Seele

„…sie ist ein Hauch und ist von Gott gesandt. Entsprechend den körperlichen Werken, seien sie gut oder schlecht, erhält sie ihren Lohn… die Seele ist Feuer und dieses Feuer ist stärker als das Feuer der Sonne, weil es lebt."

3. November

Namenstage: Hubert, Pirmin, Rupert Mayer

Gedanken zum Tag: „Jedes Ding dient einem Höheren."

Gelöschter Wein

„Wenn ein Mensch zum Zorn oder zur Traurigkeit gereizt wird, soll er sogleich über dem Feuer einen Wein heiß machen und mit etwas kaltem Wasser mischen und trinken. So wird der Melancholiestoff beseitigt, welcher in ihm als Zornreizstoff entstanden war."

Der gelöschte Wein beseitigt die Schwarzgalle, die Ursache von Traurigkeit oder Zorn: 1 Tasse Wein zum Kochen bringen, etwas kaltes Wasser dazu gießen und sofort vom Herd ziehen. Warm schluckweise trinken.

4. November

Namenstage: Karl Borromäus, Reinhard

Gedanken zum Tag: „Hast du mir, o Mensch, dein Herz dargebracht, so bedenke, wie du das klug vollziehst…"

Der Flohsamen

„… und wer es in Wein kocht und den Wein so warm trinkt, dem nimmt er starke Fieber… Und den bedrückten Geist eines Menschen macht es durch seine angenehme Mischung froh und es fördert und stärkt sein Gehirn… zur Gesundung…"

Bei Depressionen, Stimmungsschwankungen, Melancholie, Allergieneigung, Allergiefieber koche man 1–2 Teel. Flohsamen (Samen südländischer Wegericharten) aus der Hildegard-Apotheke mit ¼ l Wein oder eine Handvoll Kraut des Flohsamens in ½ l Wein, seihe ihn ab und trinke den Wein warm.
Oder man gebe in sein Habermus 1 Eßl. Flohsamen und trinke dazu reichlich.

5. November

Namenstage: Emmerich, Berthild

Gedanken zum Tag: „Du wirst nämlich erfahren, daß er Fleisch wurde, doch seine Gottheit wirst du nicht begreifen ..."

Die Edelkastanie

„Der Kastanienbaum ist sehr warm und hat aufgrund seiner Wärme eine große Kraft."

Rezept: **Edelkastaniensuppe**
200 g Kastanien werden gekocht und passiert. Dann staubt man heißes Bratenfett mit etwas Mehl, dünstet Zwiebel und Champignons damit ab, gibt die passierten Kastanien dazu und kocht sie mit Suppe auf.

6. November

Namenstage: Leonhard, Modesta

Gedanken zum Tag: „Ich verleihe ihnen keine Seligkeit zum Lohn, sondern strafe sie mit Verderben, weil sie mir keine Ehre erweisen."

Der Edelkastanienhonig bei Leberleiden

„Wenn die Leber schmerzt, zerstoße oft die Kerne (die Edelkastanie) lege sie in Honig und deine Leber wird geheilt."

7. November

Namenstage: Willibrord, Engelbert

Gedanken zum Tag: „Die Übertretung Adams wurde durch das Blut des Gottessohnes in der Erlösung wiedergutgemacht …"

Die Edelsteine – Der Chalzedon

„Wenn dieser Stein von einem Menschen getragen wird, soll er ihn so bei sich halten, daß er seine Haut berührt, so daß er auch auf eine Ader seines Körpers gelegt ist, und jene Ader und das Blut, welche die Wärme und die Kraft des Steins aufnehmen, leiten diese Kräfte an die übrigen Adern und das übrige Blut weiter. Und so wendet dieser Stein Krankheiten vom Menschen ab, und verleiht ihm einen sehr starken Sinn gegen den Jähzorn, so daß er so sanft in seinen Sitten sein wird, daß kaum ein Mensch gefunden werden kann, durch den er zu gerechtem Zorn gereizt diesen dann durch Ungerechtigkeit verletzen könnte."

Bei depressiven Symptomen, Traurigkeit, Angst- und Schwächezuständen sollte man den Chalzedon auf der Haut tragen. Es empfiehlt sich, die Kette oder das Armband über einen längeren Zeitraum hin ständig zu tragen.

8. November

Namenstage: Willehad, Gottfried

Gedanken zum Tag: „Oh Mutter Sion, sieh ich gedenke der Freude im Haus deiner Herrlichkeit."

Gebet – Verlassenheit

„Wer tröstet mich, da meine Mutter
mich fernab vom Wege des Heiles verließ?
Oh Mutter Sion, sieh ich gedenke
der Freude im Haus deiner Herrlichkeit.
Wohin soll ich fliehen?
Unsagbar mein Schmerz;
wo bist Du, o Mutter Sion?

Nur kurz nahm ich wahr deine Gegenwart
und hoffte auf Heimkehr;
verläßt Du mich wieder?
Ich Unglückliche wich von Dir …
O hätte ich niemals Dich gekannt,
mein Schmerz wäre leichter zu tragen.
Mit Tränen und Seufzern ruf ich nach Dir,
wo bleibt Deine Hilfe für mich?"

9. November

Namenstage: Theodor, Roland

Gedanken zum Tag: „Wer aus hochmütigem Herzen die Arznei für sein Heil nicht sucht, dem ist nicht zu helfen …"

Der Ysop

„… Und wenn man ihn oft ißt, reinigt er den kranken und stinkenden Schaum der Säfte, wie die Wärme im Topf den Schaum aufwallen läßt und der Ysop ist für alle Speisen nützlich. Gekocht ist er aber nützlicher und pulverisiert ist er nützlicher als roh. Gegessen macht er die Lunge „querck" und reinigt auch etwas die Lunge …"

Der Ysop, der gut in jedem Garten und Balkonkasten gedeiht, ist ein ideales Gewürz gegen Depressionen und Traurigkeit, zur Blutreinigung sowie für Leber und Lunge.

10. November

Namenstage: Leo der Große, Justus

Gedanken zum Tag: „Wenn der Gläubige mir zuliebe den Armen mit seinem Besitz zu Hilfe kommt, hält er meine Gebote, weil er zur Ehre meines Namens den Bedürftigen meine Barmherzigkeit erweist…"

Der Ysop

„…Aber wenn die Leber infolge der Traurigkeit des Menschen krank ist, soll er, bevor die Krankheit in ihm überhand nimmt, junge Hühner mit Ysop kochen und er esse oft sowohl den Ysop als diese jungen Hühner davon."

Rezept: **Hühnchen mit Ysop**
Zerteiltes Hühnchen (von ca. 1,5 kg) mit mit Salz, Ysop, etwas Galgant und Bertram einreiben und leicht in Dinkelmehl wälzen. Mit Öl oder Butter in der Pfanne von allen Seiten leicht Farbe annehmen lassen. Eine feingehackte Zwiebel, eine in Ringe geschnittene Fenchelknolle, Petersilienwurzel feingehackt und eine in dünne Scheiben geschnittene Möhre (Karotte) sowie 1 Lorbeerblatt dazugeben, mit feiner Kräuterbrühe aufgießen, 1 Zweiglein Ysop dazu geben oder nochmals etwas mit Ysoppulver bestäuben und im Ofen bei ca. 200° fertiggaren. Mit Dinkelreis oder Dinkelnudeln und Kopfsalat servieren.

11. November

Namenstage: Martin von Tours, Menas

Gedanken zum Tag: „Wie kann dir jemand helfen, wenn du den Wert aller Dinge außerhalb Gottes suchst?"

Kräftespiel – Die Hoffnungslosigkeit – Die Hoffnung

Die Hoffnungslosigkeit: „Ich will nicht getröstet werden! Was bleibt mir außer dem Tod?"

Die Hoffnung: „Du ahnst ja nichts von Gottes Güte!"

12. November

Namenstage: Josaphat, Kunibert

Gedanken zum Tag: „Die Hölle erweist sich an den Werken des Todes und das ewige Leben in den Taten, die zum Leben führen."

Der Quendel bei Hirnatrophie

„Wenn das Gehirn krank ist und wie leer, dann pulvere Quendel und vermische er dieses Pulver mit Semmelmehl in Wasser und so mache er Törtchen und er esse sie oft und sein Gehirn wird sich besser befinden."

Rezept: **Dinkelpfannkuchen mit Quendel**
Aus 4 Eßl. Dinkelfeinmehl, 1 Eßl. Eßkastanienmehl, 1 Ei, und Wasser sowie 2 Teel. Quendelpulver, Salz, kleine Pfannkuchen backen. Mit frischem Dinkelkopfsalat servieren.

13. November

Namenstage: Stanislaus, Gerberga

Gedanken zum Tag: „Die Seele aber kann ohne Körper leben – der Körper aber lebt keinesfalls ohne Seele…“

Gebet – Klage der Seele, die durch die Gnade Gottes vom Weg des Irrtums zurückkehrt

„Wo bin ich Fremdling?
Im Schatten des Todes.
Und auf welchem Weg wandere ich?
Auf dem Weg des Irrtums.
Und welchen Trost besitze ich? Den Trost des Pilgers in der Fremde…
Ich sollte nämlich Gefährtin der Engel sein,
weil ich der lebendige Lebenshauch bin,
den Gott in den trockenen Lehm entsandte.
Und deshalb müßte ich Gott erkennen
und ihn wahrnehmen…“

14. November

Namenstage: Alberich, Veneranda

Gedanken zum Tag: „So wird auch in Lebensgefahr der Trost des Heiligen Geistes denen vorenthalten, die sich weder im Herzen noch im Werk auf die Sakramente der Kirche einlassen, die sich als Mutter aller Heiligkeit zeigt…"

Von der Trauer und der Traurigkeit

„Leidet aber ein Mensch unter großer Trauer, so soll er hinlänglich von ihm bekömmtliche Speisen zu sich nehmen, damit er durch die Nahrung wieder neu belebt wird, weil die Traurigkeit auf ihm lastet."

Hier sind einige Diätempfehlungen bei Nervenleiden, Depressionen und Traurigkeit.
Erlaubt sind Dinkel, Edelkastanien, Mandeln, Fenchel, Geflügel – besonders Strauß – kräftigend!, Hammel, Ziege, Reh, Hirsch; Dinkelkopfsalat, Nerventee, Fencheltee, Dinkelkaffee, Dinkelbier; Frischkäse, Quark. Gewürze: Quendel, Galgant, Bertram, Ysop.
Meiden sollte man fettes Fleisch, Schweinefleisch, Konserven, geräucherter Fisch, raffinierter Zucker, Olivenöl, Auszugsmehlprodukte, Bohnenkaffee, Mineralwasser, Wein, Honig, Rohkost.

15. November

Namenstage: Leopold, Albert der Große

Gedanken zum Tag: „Wundere dich also nicht, o Mensch, daß der Mensch im Quell der Taufe von all einen Sünden gerechtfertigt wird, so daß er darin um die Last seiner Sünden gütig erleichtert wird."

Die Edelsteine – Der Achat

„… so soll ein Epileptiker und ein Mondsüchtiger immer einen Achat auf seiner Haut liegen haben und es wird besser … Wer mondsüchtig ist, soll diesen Stein drei Tage bevor erfahrungsgemäß die Mondsucht über ihn kommt, drei Tage lang in Wasser legen und ihn am vierten Tag herausnehmen, dann dieses Wasser etwas warm machen und alle Speisen, die er während seines Anfallsleidens ißt, damit kochen und den Stein auch in alle Getränke einlegen und die darüber stehende Flüssigkeit trinken und so während fünf Monaten verfahren. Er wird die Herrschaft über die Sinne und die Gesundheit zurückerhalten – falls es Gott nicht verhindert."

Der Achat hilft bei Mondsüchtigkeit und Epilepsie, wenn man ihn trägt oder Achatwasser trinkt.

16. November

Namenstage: Margareta, Otmar

Gedanken zum Tag: „Und das Gemüt hat im Herzen der Menschen eine Wohnstätte, das sowohl den Verstand, den Willen und jede Seelenkraft stärkt."

Die Kornelkirsche

„Und die Frucht dieses Baumes schadet dem Menschen nicht, wenn er sie ißt, sondern sie reinigt und stärkt den kranken und gesunden Magen… Nimm von ihrer Rinde, dem Holz und den Blättern und koche sie in Wasser und mache daraus ein Bad. Und wer an Gicht bzw. Rheuma leidet, sei es ein Kind, ein junger Mensch oder ein alter Mensch, der bade darin oft und gebe sich in diesen Bädern mit diesen Blättern, und das tue er im Sommer, wenn der Baum grün ist, und dem Kind und dem jungen Menschen wird es bestens zur Gesundheit verhelfen. Dem alten Menschen wird es ziemlich nützen, jedoch nicht in dem Maße, wie dem Kind und dem jungen Menschen."

In der Kornelkirsche haben wir ein Heilmittel für den magenkranken und magenschwachen Menschen. Sie liefert uns jedoch auch ein vorzügliches Heilbad für den Rheumatiker.

17. November

Namenstage: Gertrud von Helfta, Hilda, Hiltrud

Gedanken zum Tag: „O Herr, im Innern des Herzens sinne ich nach über deine Gebote gegen den Willen des Fleisches."

Die Nervenkekse (Die Intelligenzplätzchen)

„Nimm Muskatnuß und einen gleichen Gewichtsteil Zimtrinde und eine kleinere Menge Gewürznelken, das mach zu Pulver. Aus diesem Pulver mach mit Feinmehl und ein wenig Wasser Plätzchen und esse diese oft. Das bringt alle Bitterkeit des Herzens und deiner Gesinnung zur Ruhe und öffnet dein Herz und deine (fünf) Sinne und macht deine Stimme heiter und reinigt deine Sinnesorgane und mindert in dir alle Schadsäfte und liefert deinem Blut eine gute Säftezusammensetzung und macht dich leistungsfähig."

Backrezept: 1250 g Dinkelfeinmehl mit 500 g Butter, 300 g Rohrzucker, 400 g gemahlenen Mandeln, 4 Eigelb, 4 ganzen Eiern, 50 g gem. Zimt, 50 g gemahlenen Muskat, 15 g gemahlene Gewürznelken, ½ Teel. Salz und Wasser nach Bedarf zu einem Mürbteig verarbeiten. An einem kühlen Ort den Teig gehen lassen. 2–3 mm dick ausrollen und Plätzchen ausstechen. Mit Eidotter bestreichen und mit je einer halben Mandel belegen oder mit gehackten Mandeln nach Belieben bestreuen. Bei ca. 200° backen.

18. November

Namenstage: Odo, Gerung

Gedanken zum Tag: „Ich werde mir aus den anderen Tugenden Flügel bereiten, mit denen ich das Unnütze, das Luzifer über die Welt streut, beseitige …"

Kräftespiel – Der Neid – Die Nächstenliebe

Der Neid: „Ich bin der Hirt und Hüter aller Unmäßigkeit und treibe die ganze Lebenskraft aus den Menschen. Ich unterdrücke alle angemessenen Worte; ich würge sie ab, damit sie keinen Widerstand leisten, denn ich werde Hölle genannt. Und daher ziehe ich die Massen an, und ziehe alles in den Dreck, was Gott geschaffen hat …"

Die Nächstenliebe: „Nachdem der Mensch, der edelste Same und süßeste Sproß, geschaffen war, wurde der Sohn Gottes am Ende der Zeiten als Mensch geboren … Ich werde mir aus den anderen Tugenden Flügel bereiten, mit denen ich das Unnütze, das Luzifer über die Welt streut, beseitige. Erheben wir uns alle zum Licht, bauen wir die größten und stärksten Türme überall, damit wir, wenn der Tag kommt, reiche Früchte für Geist und Fleisch haben."

19. November

Namenstag: Elisabeth von Thüringen

Gedanken zum Tag: „Die Dreifaltigkeit ist so unaussprechlich herrlich und mächtig, daß sie weder in der Größe der Majestät noch in der Erhabenheit der Gottheit von irgendeinem Gedanken oder prahlerischer Klugheit des menschlichen Geistes begrenzt werden kann."

Gebet – Dreifaltiges Leben

„Lob Dir, Dreifaltigkeit,
Klang und Leben bist Du.

Dich loben die Scharen der Engel,
Du wunderbarer, geheimer Glanz;
verborgen den Menschen,
bist Du in allem das Leben."

20. November

Namenstage: Korbinian, Bernward

Gedanken zum Tag: „Der Heiligen Geist ist glühende und leuchtende Klarheit, die nie vergehen wird…"

Der Speik-Lavendel zur Förderung der Erkenntnisfähigkeit

„Der wilde Lavendel ist warm und trocken und seine Wärme gesund. Und wer Lavendel mit Wein kocht oder, wenn er keinen Wein hat, mit Honig und Wasser kocht, und so oft trinkt, der mildert den Schmerz in der Leber und in der Lunge und die Dämpfigkeit in seiner Brust, und er bereitet (sich) reines Wissen und einen reinen Verstand."

Dieses Mittel wirkt doppelt gut: demjenigen, der Lavendelwein trinkt, bringt er einen guten Verstand und Erkenntnisfähigkeit, und zusätzlich ist der Lavendel ein Heilmittel bei „Stauungen" in der Leber und in den Lungen.

21. November

Mariä Opferung

Namenstag: Amalberga

Gedanken zum Tag: „Der Tod kann der Gerechtigkeit Gottes nicht widerstehen ...“

Der Fenchel

„Wie immer man Fenchel ißt, macht er fröhlich und verleiht gute (Gesichts-)Farbe und guten Körpergeruch und macht eine gute Verdauung.“

Fenchel ist in jeder Form (Fencheltee, -gemüse, -öl, -samen oder -tabletten) eines der wirksamsten Heilmittel für den Menschen: er hilft bei Verdauungsbeschwerden und Blähungen, gegen Übersäuerung des Magens und Sodbrennen, nach Diätfehlern und zu fetten Speisen und er ist ein gutes Nervenmittel!

22. November

Namenstage: Cäcilia, Eugenia, Philemon

Gedanken zum Tag: „Warum nur bin ich so sehr betrübt und verwirrt in der Seele, da ich doch durch die Gnade Gottes mit Seufzen und Tränen die Sündenwunden zu tilgen imstande wäre?“

Das Aronstab-Elixier

„... Und wer die Melancholie hat, hat ein finsteres Gemüt und ist immer traurig. Dieser trinke oft den Aronstabwein und er mindert die Melancholie ...“

Bei schwerer Melancholie, depressiver Vestimmung und auch im Klimakterium bei Stimmungsschwankungen mit Hitzewallungen hilft dieses Elixier.

Rezept:
1–2 Teel. Aronwurzel in 1 l Wein kochen und filtrieren.

23. November

Namenstage: Klemens, Felizitas

Gedanken zum Tag: „Für das Menschenherz ist es mühsam und hart, Gott zu fürchten, denn der unbeständigen vergänglichen Asche fällt es sehr schwer, weil die menschliche Natur sich gegen ihn auflehnt…“

Die Lebensregeln –
Ausleitung und Absonderung von krankmachenden schlechten Säften

„Sind bei einem Menschen die Gefäße mit Blut gefüllt, müssen sie von dem schädlichen Schleim und dem durch die Verdauung gelieferten Saft gereinigt werden…“

Hildegard sieht die größte, gesundheitszerstörende Kraft für den Menschen darin, wenn die Verschleimung und Verunreinigung seiner Säfte überhand nimmt. Dies kann geschehen durch

- übermäßiges Essen
- Küchen- und Umweltgifte
- Streß, Hetze
- Kummer, Sorge, Ärger oder Trauer

Da es bei Hildegard eine Kunst der Ausleitung ist, nur die schlechten Säfte zu beseitigen, bietet sie eine Fülle von Möglichkeiten an:

- richtige Ernährung,
- Ausleitung über die Niere
- Ausleitung über die Schleimhäute
- Ausleitung über Magen und Darm
- Sauna, Bäder, Packungen
- Aderlaß als Universalheilmittel

24. November

Namenstage: Flora, Modestus, Chrysogonus

Gedanken zum Tag: „Denn mein Auge sieht den Menschen so, wie er durch seine Werke zu mir gelangen wird …“

Die Haferdampfsauna

„Aber wer an Gicht leidet und davon einen gespaltenen Geist und nichtige Gedanken hat… der umgebe mit dem im Wasser gekochten Hafer im Dampfbad seinen ganzen Körper und übergieße mit dem gleichen Wasser, indem der Hafer gekocht wurde, erhitzte Steine. Und er tue das oft, und er wird wieder zu sich kommen und die Gesundheit wieder erlangen.“

Die Haferdampfsauna ist gut für schwache Nerven und bei Hysterie, unterstützt die Heilbehandlung bei Schizophrenie, Gicht und Rheuma.

25. November

Namenstage: Katharina, Egbert, Niels Stensen

Gedanken zum Tag: „Das vom Schmutz reinigende Wasser bezeichnet das Wort, d. h. den Sohn, der durch sein Leiden die Flecken der Menschen abwäscht…“

Die Edelsteine – Der Chalzedon

„…wer sich Redegewandtheit wünscht und die Kunst, beim Reden seine Worte richtig zu setzen, der nehme den Chalzedon in seine Hand und hauche ihn mit seinem Atem an, damit er sich dadurch feucht beschlage. Dann lecke er mit seiner Zunge (diese Feuchte) ab, und er wird den Menschen beharrlicher Rede und Antwort zu stehen wissen.“

Der Chalzedon hilft auch ängstlichen Kindern beim Sprechen.

26. November

Namenstage: Konrad, Gebhard

Gedanken zum Tag: „Wenn die Eingebung von oben dich ermuntert, so liebe Gott in Wahrheit und Gerechtigkeit und widerstehe dir selbst im Begehren und Ergötzung der Ungerechtigkeit."

Die Muskatnuß – ein natürliches Psychopharmakon

„Die Muskatnuß hat eine große Wärme und eine gute Mischung in ihren Kräften. Und wenn ein Mensch die Muskatnuß ißt, öffnet sie sein Herz und reinigt seinen Sinn und bringt ihm einen guten Verstand."

27. November

Namenstage: Bilhild, Oda

Gedanken zum Tag: „Deshalb unterwerfe sich der Mensch in großer Hingabe und Demut Gott und wirke gläubig sein Heil, das dem höchsten Gut entspringt.“

Kräftespiel – Die Maßlosigkeit – Das rechte Maß

Die Maßlosigkeit: „Was immer ich nur wünsche und aussuche, das will ich auch genießen und auf nichts verzichten.“

Das rechte Maß: „Alles, was in der Ordnung Gottes steht, entspricht einander. Die Sterne funkeln vom Licht des Mondes und der Mond leuchtet vom Feuer der Sonne. Jedes Ding dient einem Höheren, und nichts überschreitet sein Maß.“

28. November

Namenstage: Berta, Gunther

Gedanken zum Tag: „Die Menschen sehen es wachsen und gedeihen, verstehen aber nicht, wie das geschieht."

Die Mispel

„Die Frucht des Mispelbaumes ist für gesunde und kranke Menschen nützlich und gut, wieviel man auch davon ißt, weil sie dem Esser die Gewebe wachsen läßt und sein Blut reinigt."

Die Mispel baut den Körper auf und reinigt das Blut, sie ist ein wichtiges Aufbaumittel für Kinder und geschwächte Menschen!
Versuchen Sie es doch einmal mit Mispel-Kompott (noch nicht zu weiche Mispeln schälen und in Zuckerwasser mit einem guten Schuß Zitrone weich kochen!).

29. November

Namenstage: Jolanda, Radbod

Gedanken zum Tag: „Im Willen des Vaters, der mit dem Sohn und dem Heiligen Geist ein Gott ist, entstehen alle Geschöpfe …"

Die Weinraute

„… und ist gut gegen die trockene Bitternis, die im Menschen wächst … sie verzehrt das unrechte Wallen des menschlichen Blutes …"

Die Weinraute hilft bei allen Wechseljahrbeschwerden, Wallungen, Melancholie, Hysterie und Nervenschwächen. Sie verändert die Säfte und wirkt stimmungsaufhellend.
Anwendung: Über einen längeren Zeitraum täglich nach den Mahlzeiten entweder ein frisches Weinrautenblatt essen oder – wenn man dies nicht hat – 1 Teel. Granulat im Mund zergehen lassen oder 3 Weinrautetabletten lutschen.

30. November

Namenstag: Andreas

Gedanken zum Tag: „Und in dem Thronenden, der kein Ende kennt, strahlen alle seine Werke an seinen Erwählten wider …"

Thermalbäder

„… Das Land, die Berge und das Gestein, die jenes Feuer getroffen hat, werden bis zum jüngsten Tag immer im Feuer brennen und an den Orten, die so brennen, entspringen manchmal Bächlein, die durch das Feuer dauernd warm sind und warm fließen. Die Menschen aber leiten mit ihrer Kunst zu diesen Stellen einige Wasserläufe hin, damit sie sich von denen erwärmen, die durch diese Gegenden fließen, von dort Wärme empfangen und daraufhin warm herausfließen. Diese Wasser schaden dem Menschen nicht, die Bäder in ihnen nehmen, sondern bringen ihnen Gesundheit, weil die Wärme des Wassers die lästige Hitze, die in ihnen ist, einschränkt und die schlechten Säfte in ihnen verzehrt."

Thermalbäder sind sowohl für gesunde und kranke, als auch für dicke und magere Menschen gut zum Baden geeignet.

Dezember

Der zwölfte Monat

„In dieser Jahreszeit wird die Erde hart und friert und
macht das Land und auch das Leben beschwerlich.
Auch die Seele des Menschen,
der hier geboren wurde, hat ihren Kampf. Nur in der
Glut der Gaben des Heiligen Geistes
kann diese Seele ihre große Wärme finden. Wie nämlich
der Körper nach dem Ausscheiden der Seele
ohne Wärme ist und kalt bleibt, so wird auch die Seele
ohne die Glut der Gaben des Heiligen Geist
durch den Zorn verhärtet und vergißt ihre
eigene Natur.“

1. Dezember

Namenstage: Natalie, Eligius, Blanka

Gedanken zum Tag: „Alles, was aus Gott geboren ist, besiegt die Welt."

Der Mensch und seine Verantwortung

„... Wenn die Menschen sich untereinander in Kriegen schrecken, Haß und Neid und sonstige sündhafte Widersprüche verwickeln, verkehren sich auch die Elemente in eine andere, ihnen eigentlich entgegengesetzte Weise ... und bringen der Welt und den Menschen viele Gefahren ... und machen den Menschen hinfällig und krank."

Der Mensch allein hat nach Hildegard durch seine Taten die Verantwortung für die Welt und seine Mitmenschen.

2. Dezember

Namenstage: Luzius, Bibiana

Gedanken zum Tag: „Der Geiz raubt den Leib des Menschen."

Der Salbei

„Wenn jemand … den Harn nicht zurückhalten kann, dann trinke er oft am Feuer gewärmten Wein und füge allen Speisen (etwas) Weinessig zu und trinke wie immer möglich (Wein-)Essig … Er koche aber auch Salbei in Wasser, seihe durch ein Tuch ab und trinke dieses Wasser oft warm, und er wird den Urin wieder zurückhalten können und geheilt werden."

Der Salbei hilft bei Blasenentzündung, Reizblase, Harnwegsinfektion, Inkontinenz, Nierenbeckenentzündung und ist – wenn Sie ihn in Ihren täglichen Speiseplan miteinbauen – ein Schutz und Heilmittel bei Umweltgiften und gegen radioaktive Verstrahlung. Salbei kann nicht nur als Tee getrunken werden: verwenden Sie ihn frisch oder getrocknet und pulverisiert, über das oder in das Essen gestreut, in Salat und Brotaufstrichen.

3. Dezember

Namenstage: Franz Xaver, Gerlinde, Emma

Gedanken zum Tag: „Deine Seele müßte sich um reine Erkenntnis sorgen, um getreulich in jener Einfalt, die angemessen ist, an Gott zu glauben.“

Die Edelsteine – Der Diamant

„Und es gibt gewisse Menschen, die von Natur aus und durch teuflische (Einwirkung) bösartig sind und deswegen gerne schweigen. Aber wenn sie reden, dann haben sie ein hartes Aussehen, und bisweilen geraten sie fast außer sich, wie wenn sie vom Wahnsinn geführt werden, und sie kommen schnell wiederum zu sich. Diese sollen oft oder immer den Diamanten in ihren Mund legen, und seine Kraft ist so beschaffen und so stark, daß er die Bosheit und dieses Übel, das in ihnen ist, auslöscht. Aber auch wer irrsinnig ist und lügenhaft und jähzornig, der soll diesen Stein immer in seinem Munde halten, und durch seine Kraft werden diese Übel (vom Kranken) abgewendet. Und wer nicht fasten kann, der lege diesen Stein in seinen Mund, und er mindert den Hunger, so daß er um so länger fasten kann.“

Dieser Edelstein hilft bei Böswilligkeit. Als Entzugsmittel und zur Fastenhilfe in den Mund stecken.

4. Dezember

Namenstage: Barbara, Christian, Adolf Kolping

Gedanken zum Tag: „Alles Laster gipfelt im Unglauben."

Die Lebensregeln – Heilkraft schöpfen durch die Ausübung christlicher Tugenden

„Liebe: Ich bin aller Grüne ein milder Hauch, indem ich Blüte und Frucht aller Tugendkraft hervorbringe und sie in den Gesinnungen der Menschen festlege und aufbaue... Ein Wind sei er, indem er den Elenden hilft, ein Tau, indem er die Verlassenen tröstet und Regenluft, indem er die Ermatteten aufrichtet und sie mit der Lehre erfüllt wie Hungernde, indem er ihnen seine Seele hingibt."

Hildegard sieht die Ursachen von vielen Krankheiten in einem Mangel an guten Eigenschaften, vor allen Dingen an mangelnder Erkenntnis der eigenen Schattenseiten. Zu den positiven Tugenden gehören u. a. Beten, Meditieren, Ängste überwinden, Nächstenliebe üben, ein gesundes Selbstwertgefühl entwickeln, Geduld üben, Danken lernen, mit Enttäuschungen umgehen, Vorbilder finden und vor allem selbst Vorbild für andere werden.

5. Dezember

Namenstage: Anno, Hartwig, Reginhard

Gedanken zum Tag: „Der Mensch hat zwei Berufungen in sich: eine ruft zum Leben, die andere zum Tod.“

Der Bertram – ein Universalheilmittel

„… für einen gesunden Menschen ist er gut zu essen, weil er die Fäulnis in ihm mindert und das gute Blut in ihm vermehrt und einen klaren Verstand im Menschen bereitet. Aber auch dem Kranken, der schon fast in seinem Körper gestorben ist, bringt er wieder zu Kräften und im Menschen schickt er nichts unverdaut heraus, sondern bereitet ihm eine gute Verdauung.“

6. Dezember

Namenstage: Nikolaus, Dionysia

Gedanken zum Tag: „Das Wort bezeichnet den Leib, die Melodie offenbart den Geist und die Harmonie die Gottheit …“

Kräftespiel – Die Unbarmherzigkeit – Die Barmherzigkeit

Die Unbarmherzigkeit: „Ich habe niemanden geschaffen, noch etwas ins Leben gerufen. Weshalb sollte ich mich dann um etwas mühen oder kümmern?“
Die Barmherzigkeit: „Allen Armen und Schwachen sowie allen, die in der Armut sich plagen, strecke ich stets meine Hand entgegen.“

7. Dezember

Namenstag: Ambrosius

Gedanken zum Tag: „Lieblich ist der Zusammenschluß der Tugenden, welche die gläubigen Menschen zur wahren Glückseligkeit ziehen ...“

Das Gold

„... das auf diese Weise gegessene (Gold-)Törtchen vertreibt die Gicht für ein Jahr von ihm ... dieses Gold liegt zwei Monate lang in seinem Magen, und es reizt den Magen nicht und macht ihn nicht geschwürig, sondern wenn er kalt und schleimig ist, dann wärmt und reinigt es ihn ohne Gefahr für diesen Menschen. Aber wenn ein gesunder Mensch das macht, dann wird es ihm die Gesundheit erhalten und wenn er krank ist, wird er gesund sein ...“

Die Goldkur ist bei Hildegard ein Universalheilmittel. Es wird eingesetzt zur Prophylaxe und Therapie bei Gicht und Rheuma, bei Magenproblemen, gegen die Grippeanfälligkeit, zur Steigerung der Abwehrkräfte:

Rezeptur – 1. Tag: 2 Eßl. Dinkelfeinmehl mit 1 Eßl. Wasser zu einem festen Teig kneten, diesem 0,6 g Goldpulver (aus der Apotheke!) unterkneten und morgens nüchtern essen.
2. Tag: Plätzchen (wie oben beschrieben) zubereiten und bei 180° im Ofen ca. 10 Minuten backen. Das gebackene Plätzchen am 2. Tag morgens nüchtern essen.

8. Dezember

Hochfest der ohne Erbsünde empfangenen Jungfrau
und Gottesmutter Maria

Namenstag: Alfrida

Gedanken zum Tag: „Gott ist unaufhörlich mit Herz und Mund für seine unaussprechliche Gnade zu loben."

Gebet – Jungfräuliche Gottesmutter

„O Reis, Diadem zum Purpur des Königs,
verschlossen ruhst du wie in einer Schutzwehr.
Du grünst und blühst auf andere Weise
als Adam, der Vater des Menschengeschlechts.

Gegrüßet seist du, gegrüßt!
Neues Leben entsprang deinem Schoß,
da Adam des Lebens beraubte die Kinder.

O Blume, nicht Tau noch Regentropfen
haben dich sprießen lassen;
auch wehte der Wind nicht über dich hin,
sondern die göttliche Herrlichkeit
hat dich am edelsten Reis gezeugt.

O Reis, deine Blüte hat Gott
geschaut schon am ersten Schöpfungstage.
Aus seinem Wort, o lobwürd'ge Jungfrau,
schuf er das goldene Urelement…"

9. Dezember

Namenstage: Eucharius, Liborius Wagner

Gedanken zum Tag: „Der Mensch soll zu Beginn eines guten Werkes bedächtig sein, mitten darin stark und beständig und am Schluß demütig.“

Der Schlehdorn

„... die Frucht des Schlehdorn, nämlich die Schlehen, süße mit Honig und iß sie oft und die Gicht in dir wird weichen ...
Aber wer schwach im Magen ist, der brate Schlehen in der Feuerflamme, d.h. er bruzle sie oder koche sie in Wasser und esse sie oft, und sie führt den Unrat und den Schleim vom Magen ab. Wenn er die Kerne mitißt, wird es ihm nicht schaden.“

Die Früchte der Schlehe sind gut bei Gicht und Magenleiden aller Art. Ernten Sie den Schlehdorn nach den ersten Frösten und rühren Sie ihn in auf ca. 30° erhitzten Honig ein. Gut verrühren, damit die Früchte rundum mit Honig benetzt sind und so nicht zu schimmeln beginnen. Täglich 4–5 Früchte mit etwas Honig essen.
Ein einfaches und sehr wirksames Magenmittel: die Schlehen in etwas Wasser kochen, eventuell etwas Honig beifügen, oder in der Pfanne braten und essen.

10. Dezember

Namenstage: Angelina, Diethard

Gedanken zum Tag: „Der Stärke Gottes kann kein Stolz widerstehen."

Das Dachsfell

„... aber es ist auch große Kraft im Fell des Dachses. Mache daraus einen Gürtel und umgürte dich, umgürte damit die nackte Haut, und alle Krankheit wird in dir aufhören, wie wenn ein großer Sturm in gutes Wetter und gute, ruhige Luft ausklingt. Keine gefährliche Krankheit wird dich in dieser Zeit (wenn du diesen Gürtel trägst) befallen. Aber mache auch Schuhe und Stiefel aus dem Fell eines Dachses und ziehe sie an, und du wirst gesund sein an den Füßen und Beinen."

Das Dachsfell hilft bei chronischer Schlaflosigkeit und Rückenschmerzen. Dachsfelle, Dachsgürtel und Dachsschuh (-schuhsohlen) sorgen für eine hervorragende Durchblutung. Bei jeder Fuß- oder Beinkrankheit soll der Dachsschuh oder die Dachsschuhsohle als Heilmittel mit einbezogen werden, wobei sie der Kranke so oft als möglich tragen soll. Auch dem, der chronisch kalte Füsse hat, kann mit dem Dachslederschuh oder der Dachsledereinlegesohle geholfen werden. Selbst „Raucherbeine" reagieren sehr positiv auf dieses Heilmittel.
Dachsfellgürtel oder Dachslederschuhe und -einlegesohlen erhalten Sie in Ihrer Hildegard-Apotheke oder beim Hildegard-Heilmittel-Versand.

11. Dezember

Namenstage: Damasus, Tassilo, Arthur

Gedanken zum Tag: „An welchem Tag auch immer ich dich anrufe, siehe, ich erfahre, daß du mein Gott bist."

Die Edelsteine – Der Diamant

„Und wer gichtkrank ist oder den Schlaganfall hat, d.h. jene Krankheit, welche die Hälfte des Körpers erfaßt, so daß er sich nicht bewegen kann, der lege den Diamanten für einen ganzen Tag in Wein oder in Wasser und er trinke die Flüssigkeit darüber. Und die Gicht wird von ihm weichen, auch wenn sie so stark ist, daß seine Glieder zu zerbrechen drohen, und auch der Schlaganfall wird vermindert werden..."

Der Diamant hilft bei dem durch Arteriosklerose entstandenen Schlaganfall: Man trinkt über einen langen Zeitraum hinweg regelmäßig Wein oder Wasser, in dem ein Diamant lag.

Anwendung: Den Diamant (Roh-Diamant) in ein großes Glas geben und mit Wein oder Wasser auffüllen und 24 Stunden darin liegen lassen. Das Getränk kann über den Tag verteilt getrunken werden – man kann dies auch im Krankenhaus machen. Der Diamant muß dabei im Glas bleiben, denn es soll das „Darüberstehende" getrunken werden!

12. Dezember

Namenstage: Johanna Franziska, Hartmann

Gedanken zum Tag: „Ihr verbietet eurer Seele das Weinen und Seufzen und hindert sie, bei mir Hilfe zu suchen. Wie kann ich aber jemandem antworten, dessen Stimme ich nicht höre? Ihr seufzt nicht mehr zu mir, deshalb verlangt ihr auch nichts von mir. Wer nicht in Sehnsucht zu mir aufseufzt, der hat mich vergessen."

Der Seufzer

„... daher seufzt die Seele innerlich auf, wenn sie darüber nachdenkt, woher sie kommt und was sie ist, ohne daß der Mensch weiß, woher diese Seufzer kommen. Wenn sie aber einmal merkt, daß ihrem Leib eine Mißhandlung, eine Krankheit oder sonst ein unangenehmes Leiden bevorsteht und begreift, daß sie dies nicht verhindern kann, seufzt sie innerlich tief auf."

Seufzer können ein Zeichen der Erleichterung sein: ein Mensch, der sich selbst erkennt, seufzt manchmal tief aus der Seele heraus und das Seufzen löst seine innere Verkrampfungen.

13. Dezember

Namenstage: Luzia, Odilia

Gedanken zum Tag: „Demut: Wer zuerst den höchsten
Zweig eines Baumes zum Hinaufklettern ergreift,
fällt sehr oft in unvermuteten Absturz.
Wer aber hochsteigen will und bei der Wurzel beginnt,
der kommt nicht so leicht zu Fall,
wenn er vorsichtig vorgeht."

Der Weihrauch

„Wird die Hörkraft eines Menschen durch irgendwelches Phlegma oder eine andere Art von Krankheit geschädigt, so soll er weißen Weihrauch nehmen und mit glühenden Kohlen verräuchern. Diesen Rauch soll er in das verstopfte Ohr aufsteigen lassen. Doch soll er dies nicht zu oft machen, damit er sich danach nicht schlechter befinde, wenn er das unmäßig oft gemacht hat."

Anwendung: 4–5 weiße Weihrauchkörner auf glühende Räucherkohle geben und den Rauch am schwerhörigen Ohr (eventuell mit Hilfe eines Trichters) vorbeiziehen lassen. Sie erhalten Weihrauch in Ihrer Apotheke.

14. Dezember

Namenstag: Johannes vom Kreuz

Gedanken zum Tag: „Wer in boshaftem Neid die, welche Gott folgen wollen, zurückhält, begeht Gottesraub.“

Der Weihrauch

„Nimm daher Weihrauch und pulverisiere ihn, und gib etwas Feinmehl bei und Eiweiß, und mache so Törtchen und trockne sie an der Sonne oder auf einen warmen Ziegelstein und bring sie oft an deine Nase, und ihr Geruch stärkt dich und erhellt deine Augen und füllt dein Gehirn. Aber wer Kopfweh hat, daß er meint, sein Kopf werde gespalten, der lege ein so bereitetes Törtchen, wie oben beschrieben, an beide Schläfen und binde das mit einem Tuch mäßig fest, wenn er schlafen geht, und der Kopfschmerz wird weichen.“

Oft daran riechen sorgt für eine gute Kopfdurchblutung. Bei Schnupfen – gleich im Anfangsstadium – ist Weihrauch sehr hilfreich und macht die Nase schnell wieder frei. Weihrauch ist ein Mittel, das auch bei Kopfschmerzen wirkt.

Rezeptur: 1 Eßl. pulverisierten Weihrauch mit 2 Eßl. Dinkelfeinmehl gut vermischen und mit 1 Eiweiß vermengen. Zu kleinen Plätzchen formen und an der Sonne trocknen oder im Backofen auf einem erwärmten Ziegelstein trocknen. Sehr wichtig: Nur trocknen, nicht backen oder braten! Bei Kopfschmerzen vor dem Schlafengehen zwei solche (stets frisch zubereitete!) Plätzchen auf die Schläfen legen und mit einem Tuch festbinden.

15. Dezember

Namenstage: Christiana, Carlo Steeb

Gedanken zum Tag: „Der Gläubige folgt den Spuren des Gottessohnes."

Der Zimt

„... Und ein Mensch, dem der Kopf schwer und stumpf ist, so daß er den Atem schwer durch die Nase einzieht und ausstößt, der pulverisiere Zimt und esse dieses Pulver oft mit einem Bissen Brot (Dinkelbrot) oder er lecke es aus seiner Hand, und es löst die schädlichen Stoffe auf, durch die sein Kopf stumpf ist, auf."

Zimt ist ein wichtiger Zusatz für etliche Hildegard-Heilmittel: die berühmten Nervenkekse, das Hirschzungen-Elixier, das Wasserlinsen-Elixier, den berühmten Zimtholz-Wein gegen Gicht mit Lähmungserscheinungen, wobei letzterer leider in unseren Breitengraden kaum hergestellt werden kann, da Holz und Blätter des Zimt-Baumes noch ganz frisch sein müssen. Zimt sollte in der täglichen Küche vermehrt eingesetzt werden, da er die schlechten Säfte in Grenzen hält und dafür gute Säfte bereitet.

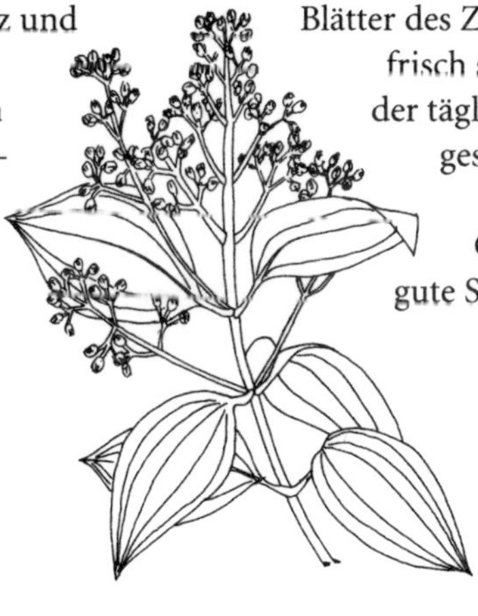

16. Dezember

Namenstage: Adelheid, Dietrich

Gedanken zum Tag: „Denn es ist recht, daß der, welcher das Leben ersehnt, den verherrlicht, der das Leben hat.“

Der Zimt

„Der Zimt ist auch sehr warm und hat starke Kräfte und mäßig Feuchtigkeit in sich; aber seine Wärme (ist) so stark, daß sie jene Feuchtigkeit unterdrückt, und wer ihn oft ißt, dem mindert er die üblen Säfte und bereitet gute Säfte in ihm ... “

Kochrezept: **Zimtblätter**
Aus 500 g Dinkelfeinmehl, 250 g Butter, 250 g Puderzucker, 2 Eiern, 1 Dotter, der Schale einer halben Zitrone und 250 g Mandeln, 1 Prise Salz einen Mürbteig machen und eine kurze Zeit im Kühlschrank ruhen lassen. Teig ca. 5 mm dick ausrollen und blattförmige Plätzchen ausstechen. Mit einem Messer eine Blattstruktur in die Oberfläche der Plätzchen ritzen. Ca 10 Minuten bei 200° backen (bis die Ränder hellbraun sind), herausnehmen und auskühlen lassen. Die Plätzchen zur Hälfte in Schokolade tauchen und auf Backtrennpapier trocknen lassen.

Fein schmeckt schwarzer Johannisbeersaft mit einer Prise Zimt oder Fencheltee, leicht mit Apfelsaft gemischt und mit einer Prise Zimt gewürzt!

17. Dezember

Namenstage: Lazarus, Sturmius

Gedanken zum Tag: „Denn die Erkenntnis von Gut und Böse besitzt der Mensch deshalb, damit er in allen seinen Taten Gott umso besser erkenne, wenn er das Böse meidet und Gutes tut."

Die Kubebe (Der Kubebenpfeffer)

„Die Kubebe ist warm, ... sie macht auch den Geist fröhlich, Verstand und Wissen rein, weil die nützliche und gemäßigte Wärme der Kubebe die ungeziemenden Gluten der Begierde, in denen stinkende und schlammige Flüssigkeiten verborgen sind, auslöscht ..."

18. Dezember

Namenstage: Philipp, Wunibald

Gedanken zum Tag: „Denn dem himmlischen Schöpfer antwortet sein gläubiges Geschöpf mit der Stimme des Jubels und der Freude und zollt ihm ständig Dank."

Die Christrose

„Die Christrose hat sowohl feurige Wärme als auch Kälte in sich. Und ein Mensch, in dem schlechteste und todbringende Säfte sich erheben, so daß sie in irgendeinem seiner Glieder hervorsprudeln, so daß man Ausschlag sagt, der esse immer Christrose und es wird ihm besser gehen."

19. Dezember

Namenstage: Konrad, Friedbert

Gedanken zum Tag: „Alle Wege des Menschen liegen offen vor seinen Augen; der Herr ist es, der die Geister beurteilt."

Der Zucker

„Den rohen Zucker, der noch zu keinem Gebrauch des Menschen bereitet ist, soll man im Sommer in der Sonne oder im Winter auf einem erhitzten Stein trocknen, und wenn er trocken ist, und man ihn dann ißt, erquickt er (den Kranken). Und wer im Gehirn oder in der Brust leidet und so beengt ist, daß er sich nicht reinigen und ausspeien kann, wenn er dann Zucker ißt oder trinkt, so reinigt dies sein Gehirn, und seiner Brust bringt es die Lösung zur Reinigung."

Der Zucker wird bei Hildegard von Bingen als Reinigungs- und Entgiftungsmittel erwähnt, wobei Zucker verwendet wird, der nicht industriell behandelt wurde. Als Heilmittel oder Zusatz wird ausnahmslos Roh-Rohrzucker verwendet, denn Sie in Ihrer Hildegard-Apotheke erhalten.

Indikation: Unterstützend bei allen Erkrankungen der im Brustbereich befindlichen Organe, z.B. bei Husten, Verschleimung der Lunge.

Rezept: **Roh-Rohrzucker**
Mehrmals täglich 1–2 Eßl. präparierten Roh-Rohrzucker entweder in einer Tasse Wasser auflösen und trinken oder direkt (trocken) essen. Solange anwenden, bis die Beschwerden verschwunden sind.

20. Dezember

Namenstage: Hoger, Eido, Dominikus

Gedanken zum Tag: „Zu jeder Zeit aber, sei es im Sommer oder im Winter, hat sich der Mensch vor unmäßigem Trinken zu hüten."

Das Trinken

„Wie zu reichlicher Regen dem Erdreich durch das zu viele Wasser schadet, so bringt auch, wer übermäßig trinkt, seinem Körper den Nachteil der schädlichen Säfte. Es soll sich der Mensch des Getränks auch nicht zu sehr entziehen, denn wenn er sich bei seiner Enthaltsamkeit vom Trinken trocken gemacht hat, bekommt er davon Beschwerden an Körper und Geist. Auch können ihm dann die aufgenommenen Speisen innerlich weder eine gute Verdauung noch körperliche Gesundheit bringen, wie auch der Erdboden schwer zu bearbeiten, hart und trocken wird und keine guten Früchte bringt, wenn ihm die Durchfeuchtung durch den Regen entzogen wird."

Das rechte Maß gilt auch beim Trinken, weil hier das „Zuviel" genauso schlecht wie das „Zuwenig" für den Körper ist.

21. Dezember

Namenstage: Hagar, Richard

Gedanken zum Tag: „Die Schönheit der Edelsteine leuchtet in Gott."

Die Edelstein – Der Goldtopas

„Der überaus starke Topas hat von Gott diese Kraft, daß er (drohende) Schande vom Menschen weichen läßt, weil er beim Weichen der (Mittags-) Sonne wächst. Denn er läßt die bösen Geister erschauern und den Menschen fliehen, so daß sie ihn nicht dazu verleiten können, etwas zu tun, wovon er Verdruß haben könnte."

Diesen Stein drückt man allmorgendlich ans Herz und spricht dazu ein mystisches Morgengebet, um so den Tag über einen Schutz gegen alles Böse zu haben:

„Gott, der über alles und über allem herrlich ist, verwerfe mich nicht bei seiner hohen Ehre, sondern erhalte, stärke und gründe mich auf seinen Segen!"

22. Dezember

Namenstage: Jutta, Bertheide

Gedanken zum Tag: „Jeder der Sinne neigt sich der Absicht entsprechend…“

Das rechte Erwachen

„Wie durch die Morgenröte das Licht des Tages verkündet wird, so tut das Empfindungsvermögen des Menschen zusammen mit der Vernunft alle Seelenkräfte auf. Es belebt das Angesicht des Menschen, so daß der Mensch in seinem Gefühlsleben angerührt hellwach wird für alle Dinge.“

23. Dezember

Namenstage: Dagobert, Viktoria

Gedanken zum Tag: „Aus der Barmherzigkeit Gottes leuchtet wie aus einer hellbeleuchteten Wolke die Flamme der göttlichen Liebe in die Menschenherzen.“

Die Tannensalbe

„Aber wenn jemand im Magen oder in der Milz Schmerzen leidet, dann salbe mit dieser Salbe wegen der Herzschwäche sein Herz, dann (salbe ihn) über dem Magen, wenn er Magenschmerzen oder, oder über der Milz, wenn er dort leidet, und die Salbe wird durch ihre Kraft die ganze Haut durchdringen, sodaß er rasch geheilt werden wird.“
Die Tannensalbe wird speziell Hypotonikern empfohlen.

24. Dezember

Heiliger Abend

Namenstage: Adam und Eva

Gedanken zum Tag: „Doch als der Mensch in einem so tiefen Dunkel des Unglaubens lag und sich nicht zu erheben vermochte, sandte ich meinen Sohn, wunderbar aus der Jungfrau Mensch geworden, den wahren Gott und wahren Menschen, zu seiner Erlösung."

Die Tanne

„Die Tanne ist mehr warm als kalt und hat viele Kräfte in sich. Und sie bezeichnet die Tapferkeit. Denn an welchem Ort auch immer Tanenholz ist, hassen und meiden es die Luftgeister mehr als andere Orte und Zauber und Magie haben dort weniger Kraft und herrschen weniger vor als an anderen Orten … Aber die Tanne hat starke Wärme und ihr Geruch peitscht die Säfte, die im Menschen sind, auf, so daß sie (etwas) wie eine Überschwemmung erzeugen. Und der Mensch nehme den Geruch der Tanne nicht auf, es sei denn, daß andere Spezereien und andere duftende Kräuter, welcher Art sie auch seien, beigegeben werden, daß die Säfte, die (im Menschen) sind, nicht übermäßig toben..."

Hängen Sie doch Zimtstangen und -gebäck an Ihren Weihnachtsbaum, damit sich die Gerüche miteinander verbinden!

25. Dezember

Hochfest der Geburt des Herrn

Namenstag: Anastasia

Gedanken zum Tag: „So wurde die Erde durch die Glut der Sonne durchgekocht und anders als sie früher gewesen war ..."

Hochfest der Geburt des Herrn

„Und so erstreckt sich der Zeitraum nach der Flut von Noe bis zur Menschwerdung meines Sohnes, der alle, die an ihn glauben, zur geistlichen Einsicht bekehrt. Mit ihm begann ein anderer Zeitraum, der nicht dem Fleische sondern dem Geiste nach zum Leben führt."

26. Dezember

Namenstage: Stephanus, Richlindis

Gedanken zum Tag: „Die Gerechtigkeit Gottes ist zu fürchten und die Größe übertrifft alle Geschöpfe.“

Gebet – Gottesgebärerin

„Gegrüßet seist du Maria,
Urheberin des Lebens;
du hast das Heil wieder aufgebaut;
den Tod überwunden,
die Schlange zertreten,
nach der sich Eva,
von Stolz gebläht,
erhobenen Hauptes ausgestreckt.

Du hast sie zertreten, da du gebarst
den Gottessohn, durch den Heiligen Geist
dir eingehaucht. – Sei gegrüßt,
du süßeste, du liebevolle Mutter!
Du hast der Welt deinen Sohn geboren
vom Himmel gesandt, dir eingehaucht
durch Gottes Heiligen Geist.“

27. Dezember

Namenstage: Johannes, Fabiola

Gedanken zum Tag: „Der Mensch als Gottes Bild ist der Herr aller Welt und ist als Werk Gottes zum Gleichnis der Gottheit."

Die Gerste

„... ist kalt, daß sie kälter und schwächer ist als Weizen, Hafer und Roggen. Und wenn sie als Brot oder als Mehl gegessen wird, schadet sie sowohl dem Gesunden als Kranken, weil sie nicht solche Kräfte hat wie die übrigen Arten der Feldfrüchte. Aber der Kranke, der schon am ganzen Körper ermattet ist, der koche die Gerste stark in Wasser und er gieße jenes Wasser in ein Faß und nehme darin ein Bad, und er tue dies oft, bis er geheilt wird und das Fleisch seines Körpers wieder erlangt und gesundet...."

Rezept: **Gerstenbad** – bei Körperschwäche nach schwerer Krankheit, Gefühl der Kraftlosigkeit, Muskelschwund und Magersucht:
10 kg ganze Gerstenkörner in 50–80 Liter Wasser ca. 15 Minuten lang kochen. Zwei- bis dreimal wöchentlich 15–20 Min. im Gerstenwasser (37–40 °C) baden und anschließend mindestens zwei Stunden lang ruhen. Man macht dies so lange, bis sich der Patient gesund und kräftig fühlt.

28. Dezember

Fest der Heiligen Familie

Namenstage: Hermann, Otto

Gedanken zum Tag: „Gott schuf allen Menschen ein Gewissen."

Kräftespiel – Der Weltschmerz – Die Himmlische Freude

Der Weltschmerz: „Weh mir, daß ich geboren bin! Was soll mein Leben? Wer wird mir beistehen, wer mich retten? Mich könnte solche Not nicht treffen, wenn Gott um mich wüßte! Nichts bringt es mir ein, wenn ich mein Vertrauen auf Gott setzte. Bin ich doch geschaffen zum Unglück und im Unglück geboren und so lebe ich dahin ohne jeden Trost…"

Die Himmlische Freude: „… Ich aber sehe alles, was Gott erschuf mit rechten Augen an und besitze schon hier die himmlische Heimat Blüten der Rosen und Lilien und die ganze Grünheit nehme ich gar zärtlich an mein Herz Herz, und singe allen Gottes-Werken ein Lob, während du nur Schmerzen über Schmerzen daraus aufhäufst… Wert oder Unwert schätze ich nur nach Gottes Gesetzen ein…"

29. Dezember

Namenstage: Thomas Becket, David und Jonathan

Gedanken zum Tag: „... denn ich schenke denen das Licht der Seele, die mich bei der Ermahnung bekennen."

Die Weizenpackung

„Und wer im Rücken oder an der Seite Schmerzen hat, der koche Weizenkörzer in Wasser und lege sie so warm auf jene Stelle, wo es schmerzt, und die Wärme des Weizens wird die Kräfte jener Krankheit vertreiben."

Rezeptur: 1–2 Pfd. Weizenkörner ca. 20 Minuten (weich mit Biß) lang kochen, absieben und auf ein doppelt zusammengelegtes (Frottee-) Handtuch geben. Achtung: Die Körner sollten auf jeden Fall so warm sein, daß es noch gut verträglich ist, aber nicht so heiß, daß es Brandblasen gibt! Mit der schmerzenden Stelle auf die warmen Weizenkörner legen und 2–4 Stunden darauf liegen bleiben. Keinen gebeizten oder geschälten Weizen verwenden!
Diese Packung muß an drei aufeinanderfolgenden Tagen täglich angewendet werden, dann pausiert man einen Tag. Bei Bedarf wiederholen.

30. Dezember

Namenstage: Felix, Germar

Gedanken zum Tag: „Als der Sohn Gottes für das Heil der Menschen Fleisch annahm, verlor er nicht die Herrlichkeit der Gottheit."

Die Gundelrebe

„...wem üble Säfte den Kopf wie „doum" plagen, sodaß auch seine Ohren tosen, der bringe Gundelrebe in warmen Wasser zum Sieden und nach dem Ausdrücken des Wassers lege er sie so warm um seinen Kopf, und sie mindert das „doum" das in seinem Kopf ist, und öffnet sein Gehör. Und wer in der Brust und um die Brust Schmerzen hat, wie wenn er innerlich Geschwüre hätte, der lege die im Bade gekochte und warme Gundelrebe um seine Brust, und es wird ihm besser gehen."

Rezept: Bei Gehörsturz, Ohrensausen, unterstützend bei Knalltrauma: Das frische oder getrocknete Kraut in Wasser kochen, das Wasser ausdrücken und damit so warm wie möglich eine Kräuterpackung um den Kopf machen. Anfangs die Packung täglich, nach einer Woche nur 3–4mal wöchentlich.

31. Dezember

Namenstag: Silvester

Gedanken zum Tag: „Wer die Seligkeit erlangen will, soll Gott anbeten."

Der Mensch

„Dankesjubel für das nun vollendete Werk. Und widerum hörte ich vom Himmel eine Stimme, die mich diese Worte lehrte: Jetzt sei Gott Lob in seinem Werke, im Menschen selbstverständlich, für dessen Wiederherstellung hat er die größten Kämpfe auf Erden geführt. Und ihn hat er über die Himmel zu erheben sich gewürdigt, damit er zusammen mit den Engeln sein Antlitz in jener Einheit, in der er wahrer Gott und wahrer Mensch ist, lobe."